Suomesta, rakkaudella

Lapsilleni

Suomesta, rakkaudella

Teksti .... Roman Schatz
Kuvitus....... Maarika Autio
Suomennos .... Maarika Autio
(paitsi luvut 2 ja 10, jotka R.S. kirjoitti suomeksi)

Johnny Kniga

13. painos
Johnny Kniga Kustannus,
imprint of Werner Söderström Corporation
PL 222 (Annankatu 15 B), 00121 Helsinki
www.johnnykniga.fi

ISBN 978-951-0-30415-0

WS Bookwell Oy, Juva 2007

Alakuloisesta perseestä ei tule iloista pierua.

Aus einem verzagten Arsch kommt
kein fröhlicher Furz.

Martin Luther

Tästä kirjasta

Tämä tuleva lukukokemuksesi on kokoelma pakinoita suomalaisuudesta. Tulin Suomeen vuonna 1986, sillä olin korviani myöten rakastunut opiskelukaupunkini Länsi-Berliinin metroasemalla tapaamaani vaaleaverikköön. Aion nyt olla rehellinen: Kyllä, olen monesti kysynyt itseltäni (etenkin talvisaikaan): ”Miksi sen piti olla juuri suomalainen nainen? Eikö mitenkään vaikka brasilialainen?”

Samban ja auringonpaisteen ilmiselvästä puutteesta huolimatta jäin Suomeen, löysin töitä, menin naimisiin ja opettelin kielen. Ulkomaalaiset kyllä tietävät, ettei viimeksi mainittu ole mikään ihan helppo juttu – mutta varmasti sitäkin palkitsevampi. Jos vielä painitte Suomen kielen kanssa, älkää antako periksi: se on rikas ja kaunis kieli, ja jos tosiaan haluatte luoda täällä siteitä ihmisiin, sitä on yksinkertaisesti pakko osata.

Tänään olen kahden upean lapsen onnellisesti eronnut isä. He ovat molemmat vaaleita, Suomessa syntyneitä, kaksikielisiä kahden maan kansalaisia. He ovat minun henkilökohtainen Euroopan Unioninī.

Vuosien myötä minusta on Suomessa sukeutunut julkinen hahmo. Koulutukseltani olen kieltenopettaja, ja olen useita vuosia työskennellyt YLE:lle kirjoittaen, tuottaen, juontaen ja ohjaten TV:n kielikursseja ja matkailuohjelmia. Lopulta sain jopa oman show:n juonnettavakseni – suomeksi. Olen kirjoittanut kirjoja Suomesta, oppikirjoja suomalaisnuorille, kääntänyt koko joukon suomalaisia tekstejä ja tehnyt parhaani mukaan tätä maata tunnetuksi muualla maailmassa, etupäässä Keski-Euroopassa. Nyt, lähes kahden vuosikymmenen jälkeen, olen enemmän tai vähemmän julkkis.

"Älä pure kättä, joka sinua ruokkii", sanotaan. Ei aikomustakaan. Teille, jotka ette vielä viestiä ymmärtäneet: Rakastan Suomea, enkä häpeä sitä myöntää. Suomen vuosinani olen saunonut tuhansia kertoja, juhlinut vaput ja juhannukset, kuluttanut kesäni korpimökeissä kaukana sivistyneestä maailmasta, oppinut täällä yhtä ja toista, tavannut paljon ihmisiä, tehnyt kovasti töitä ja saanut joitain erittäin hyviä ystäviä. Suomella on ollut minuun oikein terveellinen vaikutus. Se on rauhoittanut menoani, avartanut horisonttia, opettanut tarkastelemaan asioita toiseltakin kantilta ja auttanut ymmärtämään, että maailman napa voi sijaita missä tahansa. Se on opettanut minulle myös jotain tärkeää itsestäni: Länsi-Saksasta muuttaessani jätin koko joukon ongelmia taakseni. Pian tänne tultuani tajusin, että osa ongelmista oli seurannut mukanani. Niinpä ensimmäistä kertaa elämässäni tajusin, mitkä pulmistani olivat ympäristön ja mitkä omia aikaansaannoksiani.

Tulin tänne nuorena aikuisena valmiina kantamaan korteni kekoon kansallisen hyvinvoinnin puolesta. Saapumiseni jälkeen olen maksanut huikeat määrät veroja palkoistani tukien suomalaista yhteiskuntaa, vaikkei se ole ikinä investoinut senttiäkään koulutukseeni.

Näin ollen tunnen oikeudekseni ja velvollisuudekseni jakaa kokemuksiani tässä eksoottisessa maassa muiden, niin suomalaisten kuin ulkomaalaistenkin kanssa.

Miksi kutsutaan ihmistä, jonka pakkomielteenä on polttaa kaikki näkemänsä? Pyromaaniksi. Miksi kutsutaan ihmistä, jonka pakkomielteenä on varastaa? Kleptomaaniksi. Entä miksi kutsutaan sellaista, joka sekä polttaa että varastaa? Germaaniksi.

Suomeen muutettuani olen saanut kuulla kaskun jos toisenkin maanmiehistäni saksalaisista. Useasti suomalaiset ovat udelleet, josko sattuisin tietämään, mikä onkaan se maailman ohuin kirja. Saksalainen vitsikirja. No niin ihmiset, itsepä tätä kerjäsitte! Tässä teille nyt annos saksalaista huumoria, ja Suomesta koko hoito.

Paras tapa kuvailla kirjaa lienee siteerata suomalaista sananlaskua: Rakkaudestahan se hevonenkin potkii. Tämä kirja ei pyri loukkaamaan tai suututtamaan ketään. Sen on tarkoitus viihdyttää niin täällä asuvia kulttuurišokista kärsiviä ulkomaalaisia kuin hyvällä itsetunnolla varustettuja, terveeseen itseironiaan kykeneviä suomalaisia.

Huonosti sulavaa mutta terveellistä

Venäjällä on Siperia. Yhdysvalloilla on Alaska. Euroopalla on Suomi.

Uusien tulokkaiden silmissä Suomi vaikuttaa ihan normaalilta, kauniilta, kalliilta pikku maalta. No valo ja värit nyt ovat erilaisia, erityisesti kesäisin. Talvella valoa ei liiemmälti ole.

Mutta jokin muukin on täällä toisin. Kestää hetken ennen kuin tajuaa, mikä se on: ihmiset.

He eivät katso silmiin. He eivät ikinä tervehdi tuntemattomia. He inhoavat tyhjänpäiväistä jutustelua. He eivät koskaan keskeytä puhettasi – vaikuttaa siltä, etteivät he kuuntele. Sanopa jotain mukavaa heidän vaatteistaan, ja he kertovat, kuinka halpoja ne ryysyt oikeasti olivat. Hymyile ohikulkijoille, ja he pitävät sinua uskonnollisena fanaatikkona, huumehörhönä, homona, itämaisen mattojen kaupittelijana tai kaikkina edellä mainituista.

TERVE!
MAARIKA

Etkö usko? Kokeile itse: menepä tavarataloon ja vietä tovi hississä. Hymyile, katso ihmisiä silmiin ja juttele niitä näitä. Näet, kuinka heidän pulssinsa kiihtyy ja otsalle kirpoaa hiki.

Toisaalta he saattavat kutsua sinut kesämökilleen saunomaan. Se tarkoittaa, että riisuudutaan alasti ja vedetään kaveriporukassa ruhtinaalliset kännit. Suomalaisista on paha mennä kertomaan vihaavatko vai rakastavatko he sinua.

Salaisuus on yksinkertainen. Suomalainen kohteliaisuuskäsite on erilainen kuin muissa maissa yleensä. Useimmissa muissa kulttuureissa kommunikointia pidetään kohteliaana. Suomessa on kohteliasta jättää ihmiset rauhaan.

Miksi kiusata muita vitseillä maanantaiaamuna? Heillä on jo muutenkin tarpeeksi vaikeaa, ihan niin kuin itselläsi.

Miksi kysyä kaverilta miten lapset voivat? Kyllä hän kertoisi jos heillä joku hätä olisi, onhan hän kaverisi.

Miksi istua tyhjässä ratikassa jonkun viereen juttelemaan, kun kaikki voisivat matkustaa hiljaa ja rauhassa?

Miksi soittaa yllättäen ovikelloa, kun voisit ihan hyvin soittaa päivää paria aiemmin ja ilmoittaa tulostasi?

Jos satut tulemaan sadan miljoonan asukkaan maasta, puhut todennäköisesti kymmenkertaisesti sen minkä keskivertosuomalainen. Ota siis rauhallisesti tai kulutat hänet äkkiä loppuun. Ehkä myös seisot ihan liian lähellä ihmisiä. Anna sellaiset 70 senttiä tilaa, niin he tuntevat olonsa turvalliseksi. Ja oletko muuten huomannut, että useimmat suomalaiset osaavat puhua sisäänpäin hengittäessään?

Suomalaisessa elämäntavassa piilee viisautta: ”Elämä on epävarmaa, aloita siis jälkiruoasta.”

He elävät vihamielisessä ympäristössä vihollisten ympäröimänä ristinään kieli, jota muut elävät olennot tuskin koskaan oppivat... Tästä huolimatta he rakastavat maataan. Ja rakastavat sen vihaamista. Ole sinä silti varovainen: älä erehdy vastaamaan myöntävästi kysymykseen ”Eikä täällä olekin kamalaa?” Sinun oletetaan rakastuvan Suomeen.

Todennäköisesti niin käykin. Minä ainakin tein niin. Suomalaiset katsos, he ovat oikeastaan... he ovat... Sanotaan, että vähän erilaisia kuin keskivertotyypit. Ikään kuin täyttä tavaraa, jos ymmärrät mitä tarkoitan. Niin kuin se tumma leipä, jossa on reikä keskellä. Huonosti sulavaa, mutta terveellistä.

Ja he ovat ikikiitollisia, kun joku puhuu heistä. Joten ei kun menoksi...

A:sta Ö:hön

Yleensä kielet näyttävät ja kuulostavat takaperin hassuilta. Suomi on siitä suloinen, että se tekee sitä etuperinkin. Eksoottinen kirjainsekoitus vaikuttaa ensi silmäyksellä siltä, että joku on vahingossa istahtanut näppäimistön päälle. Täysin sattumanvaraista sillisaksaa ja siansalaattia, johon on käytetty tolkuton määrä äitä, öitä ja yitä. Aakkoset alkavat a:sta, kuten pitääkin, mutta loppuvat ö:hön. Suosikkikirjaimeni on muuten y. Omissa aakkosissani sitä ei käytetä juuri koskaan, suomen kieli taas yllättää ylenpalttisella y:n käytöllä: syyllisyyskysymys... siinä on ytyä – ja tässä lauseessa viisitoista y:tä!

Alussa nautin kauniisti soljuvasta Suomesta vain ilmaisena rentoutuskasettina. Yötä päivää. Kyllä rentoutti. Ensimmäinen haaste oli päätellä, mihin jokin sana loppuu ja mistä seuraava alkaa. Päläpäläpälpäläpäpäpää... Ottaessani ensiaskeleeni suomeksi huomasin, että leukahan siitä tuli kipeäksi: Omaa kieltäni, zwischen zwei Zwetschgenzweigen visertävää Saksaa puhutaan suussa, ei kissaa rääkännyttäkään Suomea syvällä kurkussa. Harjoittelin joka päivä ääntämään silloisen seinänaapurini nimeä: Yrjö Äystö. Kiitos hänen hienon nimensä leukakivut ovat jääneet taakse, ja pystyn nykyään heittämään lonkalta alkukantaisimmatkin karjahdukset.

Rakenteeltaan suomi muistuttaa Legoa. Tuhat pientä palikkaa, jotka kaikki jotenkin sopivat yhteen: puu-puusto, luu-luusto, juu-juusto. Kaikkea voi muunnella vapaasti ja rajattomasti: näyttää, näytättää, näyttäytyä, näyttäytyttää, näyttäytyttäytyä, näyttäytyttäytyttää... kaunista ja käytännöllistä. Kerran seisoin kaverin kanssa helsinkiläisessä yökerhossa, ja etsimme paitsi elämämme naisia ja lohtua lasista, myös ajanvietteeksi sellaisia Suomen sanoja, joissa esiintyy mahdollisimman monta peräkkäistä kaksoiskirjainta. Löysimme sellaisen, jossa niitä on kahdeksan! Valitettavasti en muista sanaa, en yökerhon, enkä kaverin nimeä, enkä edes paljonko hän jäi minulle velkaa

– mutta muistan kilvassa kakkossijalle jääneen sanan 'päätteellään' – onhan siinä sentään viisi. Ja jos oikein muistan, sovimme sen kaverin kanssa sinä yönä myös, että äidinkieli on tärkeämpi kuin isänmaa, koska äidistään melkein jokainen voi olla kohtalaisen varma.

"It looks as if he/she pretends to be asleep". Kymmenen sanaa. Sama suomeksi kahdella: Lienee nukkuvinaan (tai: Nukkuneeko tuo?). Äärimmäisen säästeliäs kieli. Jokainen sana tarkoittaa niin paljon, ettei niitpaltartte. Suomi on läpikotaisin tasa-arvoinen kieli. Maistelkaa itse: nai-da, nai-nen. Olen naimisissa – Ovatko hyvätkin naimiset? Rivo, rehellinen ja looginen tapa ilmaista tunteet ja tarpeet, suorastaan biologinen. Jos tarkkoja ollaan, suomen kieliä on kaksi. En nyt tarkoita tässä maassa säilynyttä ihastuttavaa renessanssiruotsia, vaan sitä, että moottoripyörätakki on todellisuudessa prätkärotsi, "Anteeksi kuinka" on "Tä?" ja bussi on nysse, dösä tai sitten sama turuks. Hymyilyttää vieläkin, kun istun tak-sissa, tilaan pitsaa tai muistelen millaista oli harrastaa sek-siä. Söpö kieli.

Köyhän, neljän sijamuodon kielikulttuurin kasva-

TRANSLATIIVI
ALLATIIVI
NOMINATIIVI
PARTITIIVI
GENETIIVI
ADESSIIVI
INESSIIVI
ELATIIVI
MAARIKA

tille suomen kielioppi on tajuntaa räjäyttävää kamaa: nomina-, gene-, da- ja akkusa-, siinä oli ennen kaikki -tiivini. Nyt pystyn tulemaan joksikuksi, maksamaan hinnan veroineen, kävelemään paljain jaloin ja olemaan muitta mutkitta muina miehinä. Tuhansien Järvisten kielioppi. Kaikkein paras on kuitenkin partitiivi. Se avaa ihan uusia ulottuvuuksia. Kieli on tapa hahmottaa ympäristöä, pilkkoa se suuhun ja ajatuksiin sopiviksi paloiksi. Suomi havaitsee hiuksenhienoja eroja, jotka jäävät muilta huomaamatta. Pysykäämme tyylittömyydelle (4 y:tä!) uskollisina ja käyttäkäämme vanhaa tuttua esimerkkiverbiä: Minä nain sinua (siinä siis jää osia naimattakin) – minä nain sinut (koko lailla, loppuun asti, yksiselitteisesti). En tiedä, kuinka moni ulkomaalaisparka on jäänyt tänne loukkuun partitiivin takia, varsinkin kun kieltäytyminenkin on suomeksi vaativa operaatio. Negaatio on verbi, joka taipuu niin että natisee: en, et, ei, emme, ette, eivät... Ei-tte sen todella vaikeaksi.

Ja mitä hyötyä ulkomaalaiselle sitten Suomen taidosta on? Sehän on selvä: Hän pystyy nauttimaan maailman hienoimmista munan... eikun sananmuunnoksista ja palindromeista: Allu, taas sulaa jää, Lenin elää ja alus saa tulla!

Sitkeästi joustamaton

Olen varma, että jos kysyisit sadalta suomalaiselta, mikä heistä tekee niin erityisiä, ainakin puolet mainitsisi asian nimeltä sisu.

Sisu on jotain, josta suomalaiset ovat hyvin ylpeitä. Sen mukaan on nimetty ainakin yksi automerkki ja kurkkupastillisarja.

Sisu on Suomen kielen avainsanastoa. Sitä on todella vaikea kääntää: stamina, balls, putting-up with something, toughness, gritting your teeth... siihen malliin, ehkä.

Sisu on taikaa. Se on voima, joka ottaa valtaansa ja ryydittää kantajansa ylittämään inhimillisen suorituskyvyn rajat.

Se ei ole aggressiivinen, vaan melko passiivinen ja sisäänpäin kääntynyt asia: Suomalaiset eivät pidä tapanaan hyökkäillä muihin maihin (paitsi tietysti hu-

PUHALLA VIELÄ VAAN, ISMO.
SEHÄN JO MELKEIN SAVUAA.

malapäissään), mutta he ovat hurjimpia puolustajia, mitä kuvitella saattaa.

Kysypä satavuotiaalta suomalaiselta miten hän sen teki, ja hän vastaa: ”Sisulla”. Kysy, kuinka suomalaiset selvisivät toisesta maailmansodasta jotakuinkin vahingoitta, ja he mainitsevat sisun (ehkä se johtui myös siitä, että he onnistuivat vaihtamaan puolta juuri ennen sodan päättymistä…). Kysy heiltä, miksi joku vapaaehtoisesti hiihtäisi 50 kilometriä sunnuntai-iltapäivänä miinus kolmessakymmenessä asteessa – sisuhan se heidät siihen ajaa.

Sisu on sitä, että vietetään koko kesä metsässä kaatosateessa nauttien joka sekunnista. Sisu on sitä, että maksetaan viisi euroa kotimaisesta kurkusta, joka kasvatettiin äärimmäisissä olosuhteissa ja jolla turvataan maanmiesten työpaikat arktisella vyöhykkeellä. Sisu on kaatumista turvalleen 10 000 metrin olympiafinaalin tiimellyksessä – ja tulemista maaliin maailmanennätysajassa. Sisulla pysytään saunassa hitusen kauemmin kuin muut, ja pidetään naama tyynesti peruslukemilla.

Sisu on sitä, että asiat tehdään loppuun asti. Ei

siksi, että ne olisivat tärkeitä, vaan siksi, että ne pitää perkele tehdä, ja mitäänhän ei perkele jätetä puolitiehen. Ei sillä niin väliä, mitä muut sanovat, jollet hoida hommiasi kunnolla, vaan sillä, mitä itse itsestäsi ajattelet.

Sisu on sitä, että ollaan sitkeitä, muttei jousteta. Se tarkoittaa, että koskaan ei anneta periksi, kehitetään lisäenergiaa, kun tilanne äityy epätoivoiseksi ja tullaan voimakkaammaksi, kun mahdollisuudet hupenevat. Se on kuin turboahdin, joka hyrähtää käyntiin menon käydessä kuoppaiseksi. Herättääksesi sen suomalaiset tulee ahdistaa selkä seinää vasten ja pakottaa heidät toivottomaan asemaan. Ensin he menevät ihan valkoisiksi ja hiljaisiksi. Sitten he pumppaavat itsensä täyteen tuota myyttistä voimaa, joka saa heidät sietämään sietämättömän, kestämään kestämättömän ja jaksamaan mahdottoman.

Jos olet luonteeltasi aggressiivinen, kokeile sisun käytännön sovellusta. Haasta riitaa suomalaisen kanssa ja mäiski häntä tunteja – todennäköisesti hän ei hievahdakaan paikoiltaan, vaan vain tuijottaa sinua tuima hymynkare huulillaan. Ja kun rystysesi lopulta ovat hellinä, etkä enää jaksa nostaa nyrkkejäsi, hän toteaa: ”Siitäs sait!”

Se on sisua.

Ja Jumala loi miehen

…When God created man, she was only kidding. Lause ei käänny suomeksi, sillä yksi hän-sana kattaa molemmat sukupuolet. Harmin paikka, Suomen tytöt rakastaisivat sitä. Hehän sen kaapin paikan määräävät.

Suomi on matriarkaalinen yhteiskunta. Suomen naiset saivat äänioikeuden ensimmäisten joukossa maailmassa, ja myös käyttävät sitä: heillä on naispresidentti ja pääministerinäkin on ollut nainen. Puolet kansanedustajista on naisia. Valtaosa korkeakoulututkinnon suorittaneista on naisia. Lista jatkuu…

No mikä sitten suomalaisissa naisissa on niin erityistä? Hirsimökeissä he perinteisesti kontrolloivat kaikkea: lapsia, eläimiä, ruokaa, vaatetusta, puhtaudenpitoa – ja miehiä. Miehet huolehtivat ulkotöistä. Se oli järkevä tapa jakaa työt arktisessa ja harvaan asutussa maassa.

MAARIKA

Suomen naiset käsittelevät miehiä tottuneesti. Mutta feministejä he eivät ole. Eikä ole ikinä tarvinnutkaan olla, sillä heidän naisellinen auktoriteettinsa ei ole taistelun vaan luontaisen kasvuprosessin tulos. Oli niin tai näin: he eivät tosiaan ole mitään avuttomia olentoja, mutta pitävät miehiä sellaisina.

Heitä on helppo miellyttää. Avaa vain naiselle ravintolan ovi, niin hän on otettu. Pidä yllä henkevää keskustelua ennen rakastelua, sen aikana ja vielä sen jälkeenkin, niin hän rakastuu sinuun. Jätä työsi ja jää kotiin hänen lastensa kanssa, ja hän menee naimisiin kanssasi.

Ole kaikesta huolimatta varovainen: Älä yritä hurmata suomalaisnaisia ulkonäölläsi tai käytöstavoilla. He lakkaavat luottamasta sinuun, jos kiinnität heihin liikaa huomiota. Muista olla välillä yrmeä ja äksy. Älä kutsu heitä kauniiksi, se on nimittäin epäilyttävää. Kehu heitä älykkäiksi ja voimakkaiksi, sillä sen he osaavat ottaa vastaan.

Miehistään suomalaisnaiset valittavat usein: ”Ne eivät puhu eivätkä pussaa.” Suomen miehet luultavasti jo sata vuotta sitten totesivat, ettei kinastelu auta. Ja kellä nyt on aikaa pussata, kun pitää tiskata?

Suomi on stressiherkkien ja päättämättömien miesten potentiaalinen paratiisi. Täällä kun voi ottaa rennosti ja antautua älykkään, voimakastahtoisen naisen hellään huomaan: hän huolehtii urastasi, pankki- ja uskonasioistasi, treenaamisestasi, kolesterolitasostasi ja lopettaa tupakointisi. Sinun ei muuta tarvitse kuin päästää irti, rentoutua kaikessa rauhassa tulevan anopin kesämökillä ja opetella nauttimaan tästä kaikesta.

Nauttiminen on kuin onkin se vaikein osuus. Avioeroprosentti on Suomessa vankat viisikymmentä. Mutta vaikka asiat menisivät päin honkia, pelko pois – eivät vain suomen naiset, vaan myös avioerolainsäädökset ovat erinomaisia. Koska kouluttamattomia kotirouvia ei ole, on eroaminen suhteellisen helppoa ja reilua. Maksat lapsistasi, mutta ex-vaimon lomamatkoista sinun ei tarvitse huolehtia. Sitä paitsi hänellä todennäköisesti on parempi työ kuin sinulla.

Toki tällaisessa systeemissä on vaaransa. Parinkymmenen vuoden kuluttua kaikki Suomen miehet ovat työttömiä alkoholisteja ja työpaikat ovat kaikki naisten miehittämiä...

Suomalaiset naiset ovat vahvoja, mutteivät julmia. Esimerkki: työssä he saavat vähemmän palkkaa kuin miespuoliset kollegansa. Mikä mukava pikku ele, ja ihan järkeen käypä: miesten elinajan odote on seitsemisen vuotta naisia lyhyempi, joten naiset viettävät pitemmän aikaa eläkkeistään nauttien. Kun naisille maksetaan vähän vähemmän palkkaa aktiivisten työvuosien aikana, tämä epäsuhtaisuus tasautuu. Kiitos vain, arvon naiset, sitä voi jo kutsua reiluksi peliksi!

Ei tervettä päivää

Suomi on käynyt useita sotia. Suomalaisten piti todistaa rohkeutensa ja sisunsa venäläisille, ruotsalaisille ja saksalaisille, jopa toisilleen – valitettavasti he eivät vain koskaan onnistuneet selviytymään kahakoista voittajina. Tämä voitokkaan sotahistorian puute on todennäköinen syy siihen, että urheilu on täällä niin tärkeää. Urheilu on keino kompensoida alituisen uhrin asemassa oloa historian saatossa. Kahden maan välinen Suomi-Ruotsi-maaottelu järjestetään vuosittain. Koska nykyään on mahdotonta aloittaa sotilaallista hyökkäystä naapurivaltiota vastaan, taistelu on käytävä yleisurheiluareenalla – mutta siihen suhtaudutaan samalla vakavuudella kuin oikeaan sotaan.

Suomalaiset pelkäävät kovasti, että maailma saattaisi unohtaa heidät. Sen takia Suomi on ”nostettava maailmankartalle” yhä uudestaan ja uudestaan, ja se tapahtuu mitaleita voittamalla. Vain viiden miljoonan asukkaan maaksi Suomi on tuottanut uskomattomat määrät kansainvälisesti menestyneitä urheilijoita. Isät vääntäytyvät väkipakolla vuoteistaan kahdeksalta sunnuntaiaamuisin ajaakseen jälkikasvunsa urheilutreeneihin. Sanomalehdet, televisio ja radiokanavat tulvivat urheilu-uutisia. Urheilijoille, jotka kotiutuvat kansainvälisistä kilpailuista kirkas mitali kaulassaan, syydetään tontteja, taloja, autoja ja muita lahjoja, joskus he saavat jopa pienen monumentin paikallisen ostoskeskuksen eteen. Urheilijat eivät Suomessa nosta kovinkaan korkeaa palkkaa – niin kuin ei juuri kukaan muukaan – mutta urheilumenestys avaa ovia: Monet kansanedustajista ovat ex-urheilijoita. Urheilullinen menneisyys on parempi pätevyystodistus kuin asianmukainen koulutus. Paras esimerkki tästä on Urho Kekkonen, Suomen entinen korkeushyppymestari – ja Suomen entinen presidentti.

Entä missä lajeissa suomalaisurheilijat sitten menestyvät? No pääasiassa kaikissa sellaisissa, jotka vaativat roppakaupalla yksinäistä vihaa ja pelottomuutta: Viritetyn auton ajaminen aution metsän läpi kuolettavalla nopeudella on asia, jossa suomalaiset ovat aina olleet hyviä. Mäkihyppy on toinen. Suomi on tuottanut mestareita formula ykkösissä, nopeuslaskussa, murtomaahiihdossa, pitkän matkan juoksussa, soudussa – missä vain, mikä lähestulkoon tappaa ja minkä voi tehdä yksin. Tiimityötä ja kommunikointia vaativat lajit ovat paljon vaativampia suomalaiselle mielenlaadulle, ja kun jääkiekkomaajoukkue hävisi Ruotsille MM-kisojen puolivälierissä 6–5 (5–1 johtoaseman jälkeen!!!), itsemurhatilastoihin kohosi piikki.

Suomen kielen sana urheilu on läheistä sukua rohkeudelle ja sankaruudelle: urheilu, urhea, urhoollisuus... Se sisältää kamppailua, itsensä voittamista ja periksiantamattomuutta kaikissa tilanteissa. Ei ole niinkään väliä miten sen tekee, tärkeämpää on suhtautua asiaan kuolemanvakavasti. Jollet ole hyvä missään ison rahan lajissa, voit aina kokeilla uraa kyykässä (keilataan puuklapeilla), suunnistuksessa (juostaan

MAARIKA
KULTU...
MÄ LUULEN ET OIS SITTENKI PITÄNY KÄÄNTYÄ SINNE
VASEMPAAN...

ympäriinsä metsässä ja yritetään olla eksymättä), saappaanheitossa (nakellaan kumisaappaita) tai akankannossa (kanniskellaan paksua vaimoa reppuselässä).

Suomalaiset uskoivat vuositolkulla, että heidän urheilijansa ovat puhtaita, ja että lukuisat voitot olivat rasvattoman maidon eivätkä steroidien aikaansaannosta. Mutta valitettavasti doping on löytänyt tiensä tännekin. Kuuluisa suomalainen sisu ei yksin riitä, vaan tarvitaan vähän tohtorin apua. Kun suomalainen urheilija jää kiinni ja joutuu luovuttamaan mitalinsa takaisin, hänestä tulee kansallisen häpeän ja vihan kohde. Ovela tapa viedä Suomi maailmankartalle voisi olla se, että löydetään uusia, jälkiä jättämättömiä tapoja kohentaa urheilijan suorituskykyä. Sanotaanhan eräässä suomalaisessa sananlaskussakin, että ”urheilija ei tervettä päivää näe”.

Cuisine Finlandaise

Hernekeitto

on metsiä ja lakeuksia valppaana samoavan Suomen armeijan perusruokaa. Eräs Ruotsin kuninkaista pakotti aikoinaan sotilaansa syömään sitä kerran viikossa (torstaisin) estääkseen puutostauteja. Hernekeitto on lämmintä, miehekästä ja lisää joukkojen yhteishenkeä sekä aggressiivisuutta.

Loimulohi

1. *Pyydystä lohi.*
2. *Naulaa lohi puunkappaleelle.*
3. *Viritä tuli.*
4. *Aseta puunpala kaloineen pystyasentoon tulen läheisyyteen.*
5. *Odota, kunnes lohi näyttää ja tuoksuu hyvältä.*
6. *Myy lohi kahdeksalla eurolla parkkipaikalla järven kupeessa.*

Pääsiäisruoka, joka näyttää p*lta (Mämmi)

Tätä myydään pahvituokkosissa lähes kaikkialla Suomessa. Sisältää sokeria, maltaita ja mahdollisesti jotain muutakin. Maistuu mukiinmenevältä, mutta näyttää siksi paljon p*lta, ettei sitä ole kovinkaan hauska syödä. Olen kuullut, että kerman lorauttaminen päälle auttaa.

Lihapullat

Suosittu ruokalaji monissa eri yhteyksissä lastenjuhlista häihin ja hautajaisiin. Hyvin laajalle levinnyt kouluruoka niin ikään.

liian vähän jauhelihaa
liikaa korppujauhoja
jonkin verran suolaa, pippuria ja vettä

Sekoita korppujauhot ja jauheliha sekä suola, pippuri ja tilkka vettä. Pyörittele pallosiksi ja paista. Tarjoile runsaan ketsupin, ranskalaisten ja rakkauden kera.

MMÅÅÅÅÅÅÅLLLL!!!!
17
MAARIKA
HEJ, DU...
VILL DU HA LITE SALMIAKKI?

Kilju (halvimmat mahdolliset kännit)

2,5 kg sokeria
4,5 l lämmintä vettä
1/2 palaa hiivaa

Kaada kaikki ainesosat viiden litran muovikanisteriin. Sekoita huolellisesti. Laita lämpimään paikkaan 10-14 päiväksi. Tasaa paine säännöllisesti. Juo, jos on ihan pakko.

Salmiakki

Ulkomaisissa seuroissa pelaavat suomalaiset jääkiekkoilijat nimeävät usein salmiakin asiaksi, jota he Suomesta eniten kaipaavat. Kyse lienee jonkinlaisesta sponsorisopimuksesta. Oli niin tai näin, salmiakkia myydään joka kioskissa, ja se on virallinen resepti suomalaisen koti-ikävään. Kohdatessasi suomalaisen jossain syrjäisessä maailmankolkassa tarjoa hänelle vähän salmiakkia, ja sinulla on uusi ystävä. Salmiakkia muuten saadaan yhdistämällä ammoniakkia ja suolahappoa. Nam!

Karjalanpiirakka

Vaivaa harmahtava taikina ruisjauhoista, suolasta ja vedestä.
Siivuta ja kaulitse kämmenen kokoisiksi pyörylöiksi.
Läiskäise keskelle lusikallinen riisipuuroa ja taittele ovaalinmuotoisiksi piirakoiksi.
Rypytä piiraiden reunat näyttämään ikääntyvältä karjalaiselta vaginalta.
Paista kuumassa uunissa.
Liukasta voisulalla, tarjoile kuumana.

Koskenkorva

vetää vertoja äidinmaidolle: korvaamaton juoma suomalaisille. Nimi tullee siitä että muutaman paukun jälkeen olo on kuin laskisi koskea tynnyrissä. Nautitaan taskulämpimänä, huonossa seurassa ja puukko valmiiksi kädessä.

Iso Veli

Useimmilla ihmisillä on epäterveellisiä paheita, he ottavat tarpeettomia riskejä onnen tavoittelussaan ja yleensä ottaen tapaavat ajoittain käyttäytyä epäsopivasti. Ihmiseläin on täysin vastuuton olento – sillä ei ole aavistustakaan, mikä on sille hyväksi ja mikä ei. Siksi Suomen hallitus, terveysviranomaiset ja moraalinen enemmistö yrittävät opastaa suojattejaan kaikin mahdollisin tavoin. Jos olet päättänyt muuttua paremmaksi ihmiseksi ja lopettaa kaiken terveydelle haitallisen, riskialttiin ja moraalittoman, olet tullut oikeaan paikkaan. Suomi hoivaa sinua rakastavan äidin tavoin.

Mene suomalaiseen supermarkettiin ja koeta ostaa rasvaisia meijerituotteita. Et tule sellaisia löytämään: Kaikki on sokeritonta, rasvatonta, poliittisesti korrektia, tasapainotettua, allergiatestattua ja pelastajabakteereillä rikastettua. Purukumi sisältää ksylitolia, eikä niin ollen ole vain suullista iloa, vaan lääkettä, joka korvaa kunnon vanhanaikaisen tuokion hammasharjasi kanssa. On olemassa mehu nimeltään "Fun Light", joka ei sisällä yhtikäs mitään – mitä nyt ehkä vähäsen väriä, aromia ja vettä. Niin sitä pitää! Jopa arktiset luterilaiset ovat oikeutettuja ajoittaiseen hauskanpitoon – mutta ei sitten kiitos raskaaseen!

Suomalaiset ovat sitten velmuja – he pitivät pintansa venäläisiä vastaan ja tekisivät sen uudestaan koska tahansa, mutta kolesterolia he pelkäävät kuollakseen.

Pyöräilijöillä on kypäräpakko. Autolla ajettaessa valot on pidettävä aina päällä – itse asiassa kun autoja tuodaan maahan, niiden säädöksiä muutetaan siten, ettei valojen napsauttaminen pois päältä ajon aikana enää onnistu! Rakennetaan hienoja teitä, leveitä kuin kiitorata – ja sitten niille lätkäistään 50 km/h nopeusrajoitus.

Yleisissä järjestyssäännöissä kielletään "sopimaton käytös julkisissa tiloissa" lailla. Laulaa hoilottaminen kotimatkalla baarista, vaimolle kiljuminen parkkipaikalla, pimeälle kujalle virtsaaminen, puistokaljoittelu,

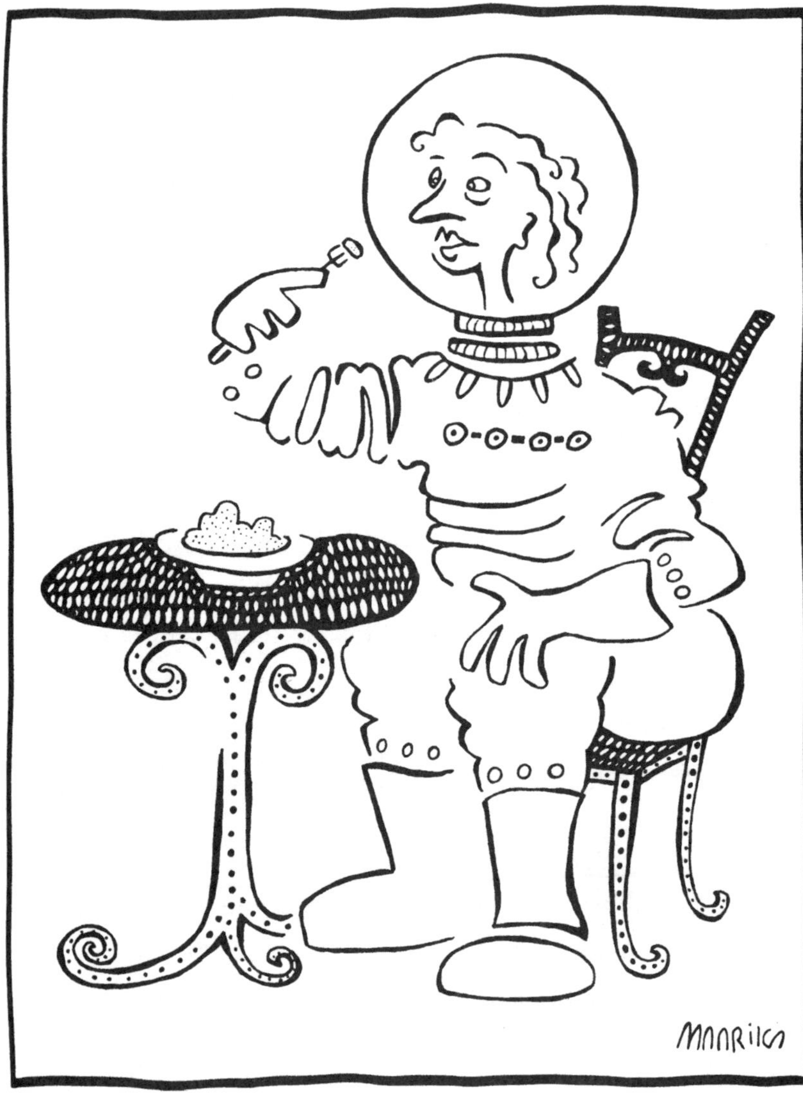

ponnekaasutölkin tai muun vastaavan betonipintaan mahdollisesti väriläiskän jättävän tavaran kanniskelu – se on kaikki laitonta. Ajattele, jos näin ei olisi – mehän eläisimme totaalisessa anarkiassa!

Suomalaiset saavutukset terveydenhoidon, turvallisuuden ja järjestyksen alalla ovat ylittämättömiä. Silti jotain voisi tehdä paremminkin: Miten olisi kypärä- ja hands-freepakko jalankulkijoille? Miksemme varustaisi nojatuoleja turvatyynyillä? Miksi meidän kaikkien ei pidä kiinnittää heijastimia vaatteisiimme, jopa kirkkaassa päivänvalossa? Entä kuinka puhelinseksi ilman kondomia voi vielä olla laillista?

Vielä on paljon tehtävää: Ehdotan, että jokainen kansalainen testataan päivittäin nikotiinin, huumeiden, veren rasva-arvojen ja siveettömien ajatusten suhteen. Säännöllisten kuntosalikäyntien tulisi olla edellytys työn saamiselle. Me tarvitsemme kipeästi myös yleistä ulkonaliikkumiskieltoa – myönnän, että tämä tekisi hallaa kansantaloudelle, mutta se myös estäisi meitä hedonisteja roskaamasta, meluamasta tai muuten vaarantamasta harmoniaa, jota me kaikki niin tarvitsemme.

Suomalaiset tietävät, mitä itselleen tekevät. Asialle on annettu nimikin: holhousyhteiskunta, siis paikka, jossa valtio tekee päätökset puolestamme. Ja valtiohan haluaa meidän olevan aina turvassa, käyttäytyvän ihmisiksi ja kuolevan terveinä!

Oma koti turhan kallis

Minulla on onni asua mukavassa ja tilavassa vanhassa asunnossa Helsingin keskustassa. Asun vuokralla. Vuokra on karmea, mutta rakastan kämppää eikä minulla ikinä olisi varaa ostaa sellaista. Kun suomalaiset ystäväni saavat selville, etten omistakaan asuntoani, heidän säälintunteensa heräävät. Vuokralla asuminen tarkoittaa, että olet epäonnistuja, köyhimys ja kaiken kukkuraksi typerä:

"Mitä? Asut vuokralla? Sehän on järjetöntä! Rikastutat vain vuokraisäntääsi joka kuukausi etkä itse kostu siitä mitään! Mikset osta omaa asuntoa?"

No, rikastutan myös meijereitä ostamalla maitotölkin lähes päivittäin. Olenko siis idiootti, kun en osta omaa lehmää?

Suomessa oman talon tai asunnon ostaminen on statussymboleista se tärkein. Ihmiset syövät kernaasti halpaa purkkitonnikalaa ja kuivaa leipää vuositolkulla, jotta vain selviytyisivät lainanlyhennyksistä. He jättävät muitta mutkitta hyvästit ravintolaillallisille, ulkomaanlomille, harrastuksille ja kaikelle muulle hintavalle, kunhan vain saavuttavat ylimmäisen unelmansa: oman asunnon, vaikka se olisikin vain piskuinen alle 20 neliömetrin koppero.

Kun astut suomalaiseen kotiin, muista ensiksi riisua kengät ja ala ihastella lukaalia. Älä suotta vaivaudu latelemaan isäntäväelle kohteliaisuuksia heidän kauniista lapsistaan, kadehdittavasta työpaikasta tai kiiltävästä autosta. Ainoa asia, mikä oikeasti mitään merkitsee, on heidän kotinsa.

Parasta kaikista on olla omakotitalon omistaja. Eräs ystäväni osti sellaisen muutamia vuosia sitten: kauniin vanhan puutalon, jossa oli sauna, avara piha ja pitkä koivujen varjostama ajoväylä. Jonkin aikaa hän oli maailman onnellisin mies. Kaiken vapaa-aikansa hän vietti kotona remontoiden, korjaten tavaroita, seiniä maalaten, sisustaen ja puutarhassaan kuokkien...

Ensimmäisenä talvena hän havaitsi, että pitkässä ajoväylässä oli haittapuolensa. Kun satoi lunta, hänen piti nousta sängystä aamuviideltä ja huhkia itsensä henkihieveriin vain, jotta saisi ajettua autonsa ulos pihasta ja ehtisi ajoissa töihin.

Toisena talvena vesiputket jäätyivät ja halkesivat. Ystäväni vietti viikkoja ilman vettä ja lämmitystä. Talvilomat ja säästöt kuluivat putkien korjaamiseen ja vaimo joutui lentämään Karibialle ihan yksinään.

Kolmantena talvena vaimo alkoi nurista: ”Me ei enää ikinä tehdä mitään yhdessä! Sinulla on aina kiire!” Vaimo haki avioeroa ja halusi puolet talon arvosta käteisenä.

Monet suomalaiset sanovat, että oma asunto on oiva sijoitus tulevaisuutta ajatellen. Onpahan jotakin lapsille jätettäväksi kun se aika koittaa. Niinpä – mut-

50 V ASUNTOLAINAN LYHENNYKSIÄ...
MUTTA NYT, KERTTUSENI...
ME VOIDAAN VIHDOINKIN ALKAA ELÄÄ!!
MAARIKA

ta mehän kaikki tunnemme verotuksen tässä maassa. Kun sitten tosiaan heität veivisi, on enemmän kuin todennäköistä, että jälkikasvu joutuu myymään asuntosi, jotta saisi perintöveron maksettua.

Pohjois-Amerikan viisaudestaan kuulut intiaanit ovat aina kummastelleet valkoisen miehen tapaa ostaa ja myydä maata. Kuinka ihminen, jonka elämänkaari kattaa vain vajaat sata vuotta, voisi omistaa jotain, joka tulee olemaan olemassa paljon kauemmin kuin hän itse?

Älkäämme siis unohtako yhtä asiaa: kukaan meistä ei omista mitään, ei edes omaa kehoaan. Tällä planeetalla me olemme kaikki vain vuokralla.

Vittu

Muistatko ensimmäisen oppimasi suomenkielisen sanan? Ai et? Lue siis eteenpäin, kyllä se kohta mieleen palautuu...

Niin kuin varmasti olet havainnut, Suomi on kovien kundien ja gimmojen maa. Täällä pidetään tiukasta viinasta, höyryävän kuumasta saunasta, kirpeästä pakkasesta ja brutaalista urheilusta. On ihan loogista, että he myös arvostavat ronskia kielenkäyttöä.

Useimmissa kulttuureissa kiroilua ei pidetä suositeltavana. Suomessa se on olennainen osa tehokasta kommunikointia. Jos haluat onnistuneesti viestiä suusanallisesti suomalaisten kanssa, sinun tulee oppia rikastamaan puhettasi noilla erityisillä pikku sanoilla, jotka lisäävät tunnetta, syvyyttä ja merkitystä viestiisi.

Koska suomalaiset ovat syvän uskonnollista kansaa, raamatullinen sanavarasto toimii useimmissa tapauksissa. Perkelettä, saatanaa, jumalautaa ja helvettiä käytetään lähes kaikenlaisissa yhteyksissä, ja ne antavat mukavan intensiivisen säväyksen. ”En jaksa kuunnella sinua.” Sehän nyt ei kuulosta miltään, eihän? ”Saatana en perkele jaksa kuunnella sinua jumalauta!” No nyt siinä lauseessa on munaa!

Helvetti, kaikkivaltias Jumala, kollegansa piru ja pahuksen pyhimykset voivat hyvinkin olla hyödyksi, kun haukutaan jotakuta tai halutaan sanailla vähän lennokkaammin. Mutta yksi kirosana kohoaa ylitse muiden, yksi sana kertoo kaiken, yksi sana, joka on voimakkaampi kuin mikään uskonnollinen pyhäinhäväistys ikinä. Puhun nyt naisen lisääntymiselimestä, emättimestä, vaginasta, pillusta, revasta, pimpsasta, tussusta: kaikkialla läsnä olevasta vitusta.

Tilastot osoittavat, että vittu on Suomen puhekielen yleisimmin käytetty sana. Luulisi, että näin innokkaasti miesten ja naisten väliseen tasa-arvoon pyrkivässä maassa naiset vastustaisivat yksityisten ruumiinosiensa käyttöä voimasanana. Näin ei kuitenkaan ole: suomalaisnaiset ovat ylpeitä käyttäessään sanaa vähintään yhtä paljon kuin miehet.

MAARIKA

Miehinen vastine kyrpä on myös kirosanakäytössä, mutta jostain syystä se ei herätä yhtä voimakkaita tuntemuksia kuin vittu. Tämän taistelun naiset ovat totisesti voittaneet!

Vitun luovalle käytölle ei ole rajoja. Muunnelmia löytyy koko kirjo: vittuilla, vituttaa, vittuuntua, vittumainen, mitä vittua etc. Monikäyttöisin lienee genetiivimuoto vitun. Sen voi yhdistää käytännöllisesti katsoen mihin vain: vitun hyvä, vitun huono, vitun paska, vitun ihana...

Yhdistelmistä surrealistisimmatkin ovat mahdollisia, esimerkiksi ”vitun homo” tai ”Voi Jeesuksen vittu!”

Vittu on suomalaisen kulttuurin kulmakivi ja keskipiste. Onhan se itse asiassa kaiken elämän lähde! Niitä poloisia lukuun ottamatta, jotka piti erottaa äideistään keisarinleikkauksella, me olemme kaikki ilmaantuneet vitusta.

Rakkaat ystävät, pidetäänpä mielessä että asia, jota käytämme kirosanana, on eräs mukavimmista ja tärkeimmistä paikoista maailmassa. Hiljentykäämme kaikki hetkeksi osoittamaan kunnioituksemme, ja: haistakaamme vittu!

Marras- ja helmikuun välinen yö

Talvi on se vuodenaika, jona me ulkomaalaiset alamme epäillä, että ehkä tänne muutto oli kuin olikin virhe. Haaveilemme paluusta aurinkoiseen kotiin Turkkiin, Jamaikalle, Intiaan, Australiaan tai jopa Saksaan. Säälimme Suomen alkuasukkaita, sillä heidät jätetään ihan omilleen. Minne he muka palaisivat? Ouluun, Rovaniemelle, Ivaloon?

Turha heitä on sääliä! On todella lyhytnäköistä toivottaa kasvihuoneilmiö tervetulleeksi tänne napapiirin seuduille. Suomen talvi saattaa maallikon silmissä vaikuttaa vitsaukselta, mutta se on itse asiassa suuri siunaus, joka pitää tätä yhteiskuntaa pystyssä. Epävirallisten laskelmien mukaan noin puolet Suomen bruttokansantuotteesta on joko suoraan tai välillisesti talven ansiota. Esimerkkejä on runsain mitoin:

Suomen lääketeollisuus menisi oitis konkurssiin ilman kaamosmasennusta ja niitä pikku ilopillereitä, joita kansalaiset kiltisti popsivat. Ilman talvea puolet Suomen psykologeista päätyisi taksikuskeiksi, koska ihmiset eivät enää yhtä helposti keksisi hyviä syitä yrittää itsemurhaa.

Lumi takaa työtä sadalletuhannelle talonmiehelle, joita olisi muutoin vaikea sijoittaa järkeviin hommiin. Aurauskaluston ylläpitäminen on yhtä merkittävä taloudellinen tekijä kuin Suomen asevoimat panssarivaunuineen.

Autoilijoiden peltikolarit ja liukastuneiden jalankulkijoiden katkenneet lonkka- sun muut luut pitävät auto- ja ihmiskorjaamoiden työtilausluvut korkeina.

Energia-ala suorastaan rakastaa talvea: Suomessa voidaan rakentaa uusia ydinvoimaloita samalla kun koko muu maailma niistä jo luopuu. Energia voidaan hinnoitella täysin mielivaltaisesti – onhan kansan pakko lämmittää ja valaista asuntojaan, jos se mielii jäädä eloon.

Mikä parasta: sosiaalijärjestelmää suotta rasittavista kodittomista pummeista ja sängyissä vilisevistä pölypunkeista pääsee kätevästi eroon sulkemalla ne ulos pakkaseen.

SIIRRY SIITÄ KARVAPERSE.
EIKÄ SITTEN KIEMURRELLA
ENNEN MAALISKUUTA.
MAARIKA

Talvi on kansantaloudelle elinehto. Lisäksi siitä on paitsi hyötyä myös kosolti hupia. Talvi tuo tähän hiukan ryppyotsaiseen kulttuuriin lystikkäitä pikku ilmiöitä, joista lämpimämpien maiden asukkaat eivät koskaan pääse nauttimaan.

Jonottaminen viikonloppuyönä ravintolan edessä kolmenkymmenen asteen pakkasessa luo kestäviä siteitä ihmisten välille ja nostaa alkoholijuomien kulutuksen ennätyskorkeuksiin – sikäli mikäli jonottajat joskus pääsevät ravintolaan sisään.

Lasten hakeminen päiväkodeista on talvisin jännittävää puuhaa. Koska kaikilla ipanoilla on sama lämpöhaalari päällä, voi käydä niin, että kun lapsi kotona kuoritaan, se osoittautuukin yllättäen jonkun muun kupeiden hedelmäksi.

Ehdottomasti hauskin talviviihde on oman auton etsiminen lumen alta. Ensin on löydettävä lapio, ja sitten aletaan kaivaa hiki hatussa. Sinä samaisena hetkenä kun olet valmis lähtemään liikenteeseen lumiaura huristaa ohitse kasaten autosi viereen metrin korkuisen lumivallin.

Suomen talvi on suuri ja mahtava voima, joka armotta määrittelee elämänrytmiämme. Sen vaikutukset ulottuvat elämän jokaiseen yksityiskohtaan. Jopa poliisikuulustelut kuulostavat Suomessa erilaisilta kuin muualla maailmassa: missä olittekaan marraskuun ja helmikuun välisenä yönä?

Å

Kurdien tekemää turkkilaista kebabia, somali ajamassa bussia, japanilaisia turisteja filippiiniläismaahanmuuttajien siivoamassa taidemuseossa, eestiläisiä ja venäläisiä ostarin kiinalaisessa ravintolassa – asia on selvä: Suomesta on tulossa eurooppalainen maa.

Vanhaan hyvään rautaesiripun aikaan päät sai kääntymään kadulla vain puhumalla vierasta kieltä. Ne ajat ovat ohi. Suomalaiset totuttautuvat etnisiin vähemmistöihin. Sen jälkeen kun puutarharavintolat, hymyileminen ja small talk maassa laillistettiin, suomalaiset silmät ovat hiljalleen sopeutuneet näkemään ihmisihon kaikkia sävyjä monenmoisine tatuointeineen ja lävistyksineen.

Mutta erääseen etniseen vähemmistöön he eivät tule koskaan tottumaan. Erästä etnistä vähemmistöä suomea puhuvat suomalaiset ovat kadehtineet vuosisatoja. Eräs etninen vähemmistö on vanhempi ja suurempi kuin kaikki muut yhteensä. Puhumme 290 000 ihmisestä, 5,6 % koko väestöstä. Nouskaapas kaikki hetkeksi ylös ja sanokaa Åååååå!

Puhun suomenruotsalaisista, niiden ihmisten jälkeläisistä, jotka jäivät loukkuun tänne venäläisten otettua Suomen hallintaansa vuonna 1809.

Heillä on omat koulunsa. Heillä on omat teatterinsa. Heillä on omat sanomalehtensä. Heillä on omat yliopistonsa. Heillä on omat TV-kanavansa. Heidän kielensä opiskelu on pakollista koko väestölle. Turha mainitakaan, että heillä on oma poliittinen puolueensa. Ja hassua tämäkin: Suomessa on vaikea edes kuvitella hallitusta ilman tuota pikku puoluetta.

Rehellisesti sanottuna he ansaitsevat sen kaiken. Suomenruotsalaiset perustivat tämän maan. He pudottivat suomalaiset puista, vaatettivat heidät, patistivat lukemaan ja kirjoittamaan ja hyödynsivät heitä sodissaan tykinruokana. Suomen ainoa vakavasti otettava poliittinen murha oli ruotsinkielisen tekemä. Suomen Tasavaltaa ei olisi olemassa ilman suomenruotsalaisten ystäviemme merkittävää hjälpiä.

Å
MAARIKA

Mutta ajat ovat muuttuneet. Nykyään Suomi nauttii cocktaileista ja lumilautailusta, heillä on Nokiansa ja EU:nsa. Ja suomenkieliset suomalaiset katselevat suomenruotsalaisia maanmiehiään alta kulmien.

Voi suomenruotsalaisparkoja! On varmasti kurjaa muuttua vieraaksi omassa maassaan. Heillä on suomalaiset passit, heidän isovanhempansa syntyivät täällä – ei heitä oikein sovi poiskaan lähettää. Kotiinkaan he eivät voi mennä, koska näin monen sukupolven jälkeen ruotsinruotsalaiset eivät halua heitä enää takaisin (kuulemma siksi, että he puhuvat kummallista ruotsia).

Mutta suomenruotsalaiset ovat nokkela heimo, ja he ovat selviytyneet myrskystä jos toisestakin viimeisen 800 vuoden aikana. He ovat vakaasti päättäneet välttää sukupuuton. Heillä on ollut aikaa varustautua tulevaan. Joten he ovat pitäneet pienen takaportin raollaan: Åland eli Ahvenanmaa, saaristorykelmä mukavasti Tukholman läheisyydessä. Virallisesti alue kuuluu Suomeen, mutta se pidetään sataprosenttisen ruotsinkielisenä: heillä on omat postimerkkinsä, omat lottonsa ja lainsäädäntönsä, ja aika ajoin he jopa yrittävät ajaa läpi omaa rahaansa. Suomenkielisten suomalaisten ei yksinkertaisesti sallita asettua asumaan Ahvenanmaalle, eikä kansallinen armeija saa astua sinne jalallaankaan. Järjestely on kätevä kuin mikä: Jos jotain ikävää tapahtuu Suomessa, svensktalande bättre folk vain vetäytyy saarilleen hyvässä järjestyksessä.

Sinä ja minä, me oikeat suomalaiset ja oikeat ulkomaalaiset, mehän jäämme, eikö vain?

Suomessa vuodet läpeensä

Tämän lienet huomannut: Joka toinen päivä Suomen sininen risti valkoisella pohjalla lepattaa kaikkialla. Joka kirjailijalla, säveltäjällä, taidemaalarilla, poliitikolla ja sotaveteraanilla on omat juhlapäivänsä. Viralliseen kalenteriin on painettu niin sanotut liputuspäivät. Suomalaisilla talonmiehillä on pikku kirjaset, jotka kertovat, milloin hilata liput salkoon ja milloin laskea ne alas.

Useimmat suomalaiset juhlat ovat samansuuntaisia kuin missä tahansa muualla. Esimerkiksi joulu on ihan samanlainen kuin muissa maissa, ehkä nyt kummallista ruokalistaa ja vuotuista joulukorttirumbaa lukuun ottamatta – joka serkulle ja tuttavalle pitää lähettää omansa. Uudenvuodenaatto, pääsiäinen, syntymäpäiväjuhlat – ei niissäkään mitään erityistä ole.

Jotkut juhlat silti ovat eittämättä hyvinkin suomalaisia. Tässä tärkeimmät.

Vappu (First of May)

Englanninkielisestä nimestään huolimatta päätapahtumat ajoittuvat huhtikuun 30. päivään. Vappu on suomalainen versio karnevaalista, mutta luterilaisen etiketin mukaisesti yhteen päivään puristettuna. Muinainen kevääseen, nautinnon hakemiseen ja hedelmällisyyteen liittyvä riitti. Kaikki yrittävät olla mahdollisimman typeriä ja juovat itsensä änkyräkänniin. Korkeasti koulutetut kansalaiset saavuttavat tilan samppanjalla, valkoinen hattu päässään ja ylemmyydentunnostaan koko päivän nautiskellen. Jotkut ikäloput dinosaurukset vielä kokoontuvat köyhempiin kaupunginosiin ja marssivat kansainvälisen työväenpäivän muistoa kunnioittaen.

Juhannus

Juhannusta vietetään myöhään kesäkuussa muutaman päivän tarkkuudella astronomisen kesäpäivänseisauksen aikoihin, vuoden lyhimpänä yönä. Suomalaiset tietysti ajoittavat sen viikonloppuun. Ideana on viettää Juhannusta porukassa (ystävät, perhe) maalla. Valvotaan koko yö, syödään ja juodaan määriä, jotka

saisivat viikingit näyttämään kuoropojilta.
Älä missaa kohokohtaa: silloin vanhat tuolit, sohvat, veneet ja joulukuuset poltetaan rituaalimenossa rannalla. Sinun oletetaan tuijottavan liekkeihin tyynen rauhallisena ja ihailevan yöttömän yön järvi- ja metsämaisemaa.

Itsenäisyyspäivä

Juhlitaan joulukuun kuudentena, päivänä, jolloin Lenin päätti antaa Suomen itsenäistyä, koska siitä oli vain riesaa. Ikkunoille laitetaan kynttilöitä ja tunnetaan olo isänmaalliseksi. Joku kenraalinvanhus surkuttelee Suomen nuorrrison morrraalista rrrappiotilaa (huhutaan, että hän on ollut kuolleena jo vuosia ja ne vain ajavat sitä samaa puhetta uudestaan).
Päivän kruunaa mitä mielenkiintoisin televisiointi. Presidentin vastaanotto hänen keskikaupungin toimistossaan televisioidaan suorana melkein joka kanavalla: tuntitolkulla äärimmäisen pitkästyttävää kuvaa, selostajat kuvailevat runollisesti, mitä yläluokalla tänä iltana on yllään, kuka kutsuttiin ja ketä ei, kuka on kenenkin kanssa ja kuka ei... Show kerää uskomatto-

album
OFFICE PIKKU JOULU PHOTOS
MAARIKA

mat katsojaluvut. Kolmannes aikuisväestöstä seuraa, kuinka tasavallan rikkaat ja kuuluisat ikävystyvät ruhtinaallisesti veronmaksajien kustannuksella.

Pikkujoulut

Juhlitaan kolme – neljä viikkoa ennen joulua ei perheen, vaan työtovereiden ja ystävien kanssa. Tärkeä vuotuinen puhdistautumisrituaali. Sinun oletetaan päätyvän umpihumalaan, menettävän itsehallintasi, itsehillintäsi ja kasvosi. Haasta riitaa pomosi kanssa, yritä naida hänen vaimoaan, anna ylen viininjäähdyttäjään – kukaan ei pane pahakseen, sillä amnesia on pikkujoulujen syvempi olemus. Seuraavana aamuna kaikki on paitsi anteeksi annettu myös unohdettu.

Polttarit

Juhlitaan läpi vuoden. Jos joku suomalainen tuttavasi aikoo mennä naimisiin, hänelle pitää järjestää polttarit. Perusajatuksena on nöyryyttää kaveri julkisesti ja perinpohjaisesti. Hänet tulee yllättää. Hyödynnä sadistisia fantasioitasi kehittääksesi mukavan koreografian päivää varten: Pue uhrisi roskatynnyriin, sido side silmille, tee heistä totaalisia idiootteja torilla, juota heidät humalaan väljähtyneillä viinaksilla, pane heidät kaupittelemaan porkkanoita, kondomeita ja kaalinpäitä ohikulkijoille naurettavaan hintaan. Pidä huoli, että taltioit kaiken videolle myöhempää ilonpitoa varten. He saavat tuta, miten hyvä ystävä olet, ja muistavat sinua hellyydellä hamaan kuolinpäiväänsä asti.

Hirvikolari

Suhteessa yleiseen väkilukuun Suomi on tuottanut hämmästyttävän määrän kansainvälisesti menestyneitä ralli- ja formulakuskeja. Kankkunen, Alén, Vatanen, Mäkinen, Häkkinen, Salo, Räikkönen ja Grönholm ovat nopeimpien poikien joukossa maailmassa. Pistää ihmettelemään, eikö vain? Mikä mahtaakaan tehdä suomalaisista niin eteviä kuskeja?

Mielenlaatu osittain selittää ilmiön: jotta pystyy kaahaamaan kauniin, aution metsän läpi huippunopeudella tulee olla hyvin yksinäinen, erittäin vihainen ja läpikotaisin itsetuhoinen. Niin kuin tiedämme, useimmat suomalaismiehet täyttävät nämä vaatimukset. Ei tarvitse muuta kuin antaa heille auto ja osoittaa tienpätkä harjoitteluun. Onneksi maassa riittää kuoppaisia, tyhjiä teitä.

Normaalin päivittäisen liikenteen tarkkailu auttaa myös ymmärtämään yllättävää menestystä.

Suomalaiset ajajat keskittyvät olennaiseen. Suuntavilkkuja he eivät käytä koskaan. Se säästää energiaa, pidentää lamppujen käyttöikää ja tekee ajamisesta hitusen mielenkiintoisempaa: takana odottelevalla ei ole aavistustakaan, mieliikö edellä ajava vasemmalle, oikealle vai suoraan eteenpäin. Tylsillä perhematkoilla tätä voi käyttää pikku pelinä: kuka arvaa, mihin suuntaan tuo auto edessämme menee...

Jalankulkijat (ne onnettomat olennot, joilla ei ole varaa autoon) pysähtyvät punaisiin valoihin jopa miinus kolmessakymmenessä asteessa aamuneljältä, vaikkei autoja näy mailla halmeilla. Autot eivät punaisiin pysähdy, eivät edes ruuhka-aikoina. Punainen liikennevalo tarkoittaa vain, että täytyy pitää kiirettä risteyksessä. Yritä itse: kun seuraavan kerran kaahaat punaisten läpi, vilkaise taustapeiliin – voit olla varma, että ainakin kaksi autoa tekee samoin perässäsi.

Kaistanvaihto tai sen yrittäminen moottoritiellä paljastaa asenteen, jonka ansiosta suomalaiset kiikuttavat kotiin kansainvälisiä pokaaleja. Muissa maissa

MAARIKA

ajo-opettajat kehottavat tekemään muille kohteliaasti tilaa. Eivät Suomessa. Täällä opetetaan darwinistisen aggressiivinen asenne liikenteeseen, ja perussääntönä on: "Kuka ensin ehtii". Jos joku haluaa vaihtaa kaistaa ja kiilata eteesi, pidä huolta, että tukit tien. Sinähän siinä ensin olit, ja jos se toinen auto jumittuu paitsioon, se tarkoittaa, että selviät tilanteesta voittajana.

Nousevien ralliässien erittäin mielenkiintoinen harjoittelumuoto on niin kutsuttu pilluralli. Sitä harjoitetaan Suomen pikkukaupungeissa viikonloppuiltaisin. Tytöt istuvat keskusaukiolla, ja pojat ajelevat torin ympäri ikkunat auki, kyynärpäät ulkona ja autostereot pauhaten. Ideana on kiertää toria niin monta kertaa kuin mahdollista, kunnes tyttö kipuaa autoosi suostuen kanssasi ajelulle...

Huipulla on tilaa vain harvoille. Entä sitten ne poikarukat, jotka eivät ikinä selviydy kansainvälisille formula- tai ralliradoille? Suomessa heillekin löytyy juuri sopivaa työtä. Bussi- ja taksikuskit kaikkialla Suomessa käyttäytyvät paremmin palkattujen rallikollegojensa tavoin: aja niin vauhdikkaasti ja rämäpäisesti kuin mahdollista, riko kaikkia sääntöjä aina, kun poliisia ei näy, sabotoi, estä, ja hankaloita kaikkien muiden tiellä liikkujien etenemistä.

Jos siis haaveilet tulevasta rallitähden urasta, tee kuten suomalaiset: teeskentele olevasi yksin tiellä, älä koskaan osoita armeliaisuutta ja mikä tärkeintä: Älä unohda hankkia paria semmoista pörröistä karvanoppaa tuulilasiisi…

Banaanit pakkasessa

Suomessa on noin 5,2 miljoonaa asukasta. Se on suurin piirtein saman verran kuin keskikokoisessa eurooppalaisessa pääkaupungissa, kuten Madridissa, Berliinissä tai Roomassa. Väkiluku on jotakuinkin sama, mutta toisin kuin Suomea, niitä johtavat pormestari ja kaupunginvaltuusto.

Suomalaisparat kansoittavat lähes Ranskan kokoista aluetta. Epätoivoinen kourallinen asukkaita pyörittää alueellista ja kansallista valtiota kaikkine negatiivisine sivuvaikutuksineen: eduskunta, hallitus, armeija, maailmanlaajuinen suurlähetystöjen ja konsulaattien verkko, lentoyhtiö, kuljetusverkosto, raja tulleineen kaikkineen jne. Ja onhan suomalaisilla kaupungeilla toki pormestarinsa ja kaupunginvaltuustonsa.

Niinpä kirjoituspöydän takana elämänsä viettävien prosentuaalinen osuus on Suomessa ällistyttävä. Joskus sitä miettii, että mistä kaikki rakennukset ja infrastruktuuri oikein tulevat... Kuka kumma täällä tekee sen todellisen työn? Useimmat ihmiset vain näyttäisivät tarjoavan informaatiota, yleisiä tai hallintopalveluita. Se on luonnollisesti kallista lystiä ja syy siihen, että Suomessa on Euroopan korkein verotus ja alhaisin ostovoima.

Kaupungin väestö kantaa kokonaisen valtion taakkaa harteillaan... Lisäksi kyseinen valtio on kryptisen kielen eristämä, sitä on rangaistu topografialla, joka tekee teiden ja rataverkostojen suunnittelijat hulluiksi ja siunattu ilmastolla, jonka ansiosta maata ei edes voi kutsua banaanivaltioksi...

Suomi on tyypillinen harvainvalta. Silmäys historiaan kertoo, että on varmasti ollut ihan riittävän vaikeaa pitää edes viittä miljoonaa ihmistä hengissä tässä maassa, mutta viisi miljoonaa ei missään nimessä riitä luomaan biologista ja kulttuurista moninaisuutta. Turvallisuudesta maksettava hinta on monokulttuuri:

Yksi ainoa yhtiö (juuri niin, se kumisaapas- ja puhelinfirma) vastaa kolmasosasta Suomen kansantuotetta. Media pääasiassa siteeraa toisiaan varmistaen,

20 MILJOONAA SUOMALAISTA?
SIIS ENTISTÄ ENEMMÄN
NAAPUREITA???
KAIHDA! naapurusta
MAARIKA
ÄLÄS NY PELLEILE ...

että koko maa puhuu samoista aiheista viikkokaupalla. Poliittisten puolueiden välillä ei merkittäviä eroja ole, ja ne varovat tarkoin luomasta omaa profiiliaan: Maassa, jossa on näin vähän asukkaita, ei tosiaan kannata kiukustuttaa mahdollisia äänestäjiä todellisilla mielipiteillä tai asenteilla.

Pari hassua tuontifirmaa pitää viisi miljoonaa ihmistä vaivatta ravittuina. Yksi alkoholin jakelija riittää turruttamaan heidät, yksi tai kaksi pankkia omistamaan, yksi tai kaksi tavarataloa vaatettamaan, yksi tai kaksi uskontoa sokaisemaan ja yksi tai kaksi sanomalehteä aivopesemään...

Ei sen puoleen, etteivät suomalaiset yrittäisi. Ei pidä unohtaa, että Suomi on hyvin nuori valtio, ja vasta aloittanut taipaleensa muiden maiden rinnalla. Maa on vielä liian pieni ylläpitääkseen todellista kilpailua.

Laskelmien mukaan noin 20 miljoonaan nouseva väkiluku olisi Suomen kannalta ihanteellinen. Sillä asukasmäärällä maahan kehittyisi markkinatalous ja se vaurastuisi, valtio tuntisi olonsa turvatummaksi, voimakkaammaksi ja vihdoinkin vähän rennommaksi, ja ihmisillä olisi mahdollisuus valita monien erilaisten laillisten elämäntyylien väliltä.

Kaksikymmentä miljoonaa... Myönnän, että se on aika paljon vaadittu, mutta siitä huolimatta: Tiedätte, mitä pitää tehdä. Nauttikaa!

Paluu juurille

Ennen sivistyksen saapumista suomalaiset elivät eristyneissä hirsimökeissä sinne tänne maata ripoteltuina. Juoksevaa vettä tai sähköä ei heillä ollut, ja valtaosan ajastaan he kuluttivat kalastaen, marjoja poimien ja syötäväksi kelpaavia sieniä etsien.

Se oli varmasti hienoa aikaa. Itse asiassa niin hienoa, että joka kesä useimmat suomalaiset verestävät vanhoja hyviä muistoja palaten esi-isiensä muinaiseen elämäntapaan, siis hirsimökkiin vailla juoksevaa vettä ja sähköä. Kalastus, marjojen poimiminen ja sienestys ovat edelleen kesän pääasiallista ajanvietettä.

Kun koulut toukokuun lopussa päättyvät, pakkaavat kaikki tavaransa ja suunnistavat kesämökkiensä suloiseen yksinäisyyteen. Paikallisväestön vetäytyessä kesäksi metsien suojiin maan harvat kaupungit autioituvat jääden täysin ulkomaisten turistien huomaan, jotka samoilevat kaduilla ihmetellen, missä alkuasukkaat mahtavat piileksiä. Suomen ainoat todelliset liikenneruuhkat ajoittuvat juhannuksen massamuuttoon, jolloin tuhannet ihmiset jättävät kotinsa kadotakseen maaseudulle.

Suomalaisille kesä tarjoaa oivan tilaisuuden irrottautua epäluonnollisesta kaupunkielämästä, joka ikinä ei mukavalta tuntunutkaan: palataan juurille, siis autuaaseen tilaan, jossa ei ole pakko tavata ketään viikkokausiin ja voi vain lampsia ympäriinsä kumisaappaissa ja vanhassa aluspaidassa kasvot, kädet ja jalat hyttystenpuremien täplittäminä.

Suomen kesä on toki lyhyt, mutta onneksi vähäluminen.

Maan vuotuinen rytmi muistuttaa maanis-depressiivistä mielenhäiriötä: Talvella on jatkuvalla syötöllä pimeää ja kylmää, ihmiset hautovat itsemurhaa ja kulkevat selät köyryssä ja katse maahan painettuna yrittäessään kuluttaa niin vähän henkistä ja fyysistä energiaa kuin vain mahdollista.

Kesällä valoa riittää viikosta toiseen. Tämän lyhyen, kiihkeän ajanjakson aikana ihmiset yrittävät epätoivon vimmalla imeä itseensä niin paljon energiaa kuin mahdollista seuraavasta talvesta selvitäkseen. Kesä Suomessa on sähäkkä kouristus, niin kuin epileptinen kohtaus. Sinkut tekevät minkä ikinä voivat puolison löytääkseen, kaikki ovat vakaasti päättäneet nauttia olostaan täysin siemauksin, oli mikä oli, ja joka ikisessä pikku kylässä järjestetään musiikki-, tanssi- ja teatterifestivaaleja.

Lapset ulkomaisissa kouluissa muuttuvat vihreiksi kateudesta suomalaisten ystäviensä yksitoistaviikkoisesta kesälomasta kuullessaan. Kurja kyllä aikuisten loma kestää vain neljästä viiteen viikkoa, eikä heillä

TÄÄ ON KUULE PARATIISI ...
MAARIKA
VAIN TÄÄLLÄ ILLALLINEN PAAHTAA ITSENSÄ JA HAKKAA ITSENSÄ MUREAKSI IHAN VAAN MEITÄ VARTEN

ole aikaa olla jälkikasvunsa kanssa. Siispä suomalaislapset ilmoitetaan kaikenlaisiin organisoituihin aktiviteetteihin ja kesäleireille, ihan kuin Israelissa, entisessä Neuvostoliitossa tai Yhdysvalloissa. Järjestelmällä varmistetaan, että suomalaisista lapsista kasvaa itsenäisiä, omatoimisia ja isänmaallisia kansalaisia.

Ulkomaalaiselle Suomen kesä on aikamoinen elämys. Olen oppinut rakastamaan sitä: Kun ystäväni käpertyvät mökkeihinsä kesän kylmässä tihkusateessa, minä jään kaupunkiin ja nautin tyhjistä kaduista. Vain yksi asia saa minut aika ajoin tuntemaan oloni alakuloiseksi. Vuorokaudet läpeensä paistavasta auringosta maksettava hinta on se, että kesäisin emme näe tähtiä...

Olkoon voima kanssamme

Baghavad Gita, Edda, Nibelungenin laulu, Raamattu... ja Kalevala!

Olipa kerran kaveri nimeltä Lönnrot, tohtori, joka perusti Suomen ensimmäisen raivoraittiiden seuran. Samainen Lönnrot patikoi mielipuolen innolla loputtomissa metsissä kylästä toiseen hampaattomien vanhusten jorinoita keräillen. Hän vietti vuosia kuunnellen ryppyisiä ukkoja ja akkoja hirsimökkiensä verannalla Karjalan syrjäisillä mailla. Tarinat, joita hän yksinäisillä vaelluksillaan kuuli, viehättivät häntä niin paljon, ettei hän muuta voinut kuin istahtaa alas ja kehittää niistä Kalevalan, Suomen kansalliseepoksen.

Homma alkaa maailman luomisella, mikä näyttää olevan aika yleistä kansalliseepoksissa. Mutta tällä kertaa keskushahmo ei olekaan sankarillinen sarjamurhaaja niin kuin kaikissa muissa tuntemissani ee-

3
MAARIKA

poksissa. Kalevalan sankari on esiintyvä taiteilija, laulaja nimeltä Väinämöinen. Hänen loitsuissaan on ytyä, hänessä on roppakaupalla korpiuskottavuutta ja hänellä on todella eeppiset mittasuhteet saavuttava parta. Hassua kyllä hän on vanha pieru jo syntyessään.

Sitten ihan yhtäkkiä tämä toinen heppu, nuori Joukahainen, alkaa kuvitella olevansa etevämpi räppääjä kuin Väinämöinen. Hän haastaa ukkelin laulukilpailuun ja saa totisesti kuulla kunniansa. Vanha ammattilainen laulaa hänet suorinta tietä suohon. Nuori Joukahainen on hukkumaisillaan. Säästääkseen henkiriepunsa hän lupaa Väinämöiselle ihanan siskonsa Ainon. Voin kertoa, että Aino on tosi herkullinen pakkaus. Olen nähnyt hänet maalauksessa, jonka yksi kaveri nimeltä Gallén-Kallela tekaisi. Aino on sellaista vaaleaa ja viattomanoloista tyyppiä. Väinämöinen nuolee jo huuliaan, mutta söpö pieni Aino hukuttautuu mieluummin kuin tekee sitä kaverin kanssa, joka on vanha kuin puu. Ehkä niin oli parasta. Täytyihän hänen olla aikamoinen primadonna...

Ja sitten on Sampo. Kaikesta päätellen se on hyvin painava, hyvin myyttinen ja hyvin tärkeä, koskapa kaikki sitä havittelevat. Se on jonkinlainen mylly, joka jauhaa jyviä, suolaa ja kultaa ilman, että kenenkään tarvitse sormeaan nostaa. Sampo on ilkeän noidan Louhen hallussa. Sankareiden pitää varastaa se, mutta kotimatkalla he pudottavat sen ja Sampo hukkuu vetten syvyyksiin. Siellä alhaalla se edelleen suoltaa maallista mammonaa, josta kalat ovat elävä todiste: jopa pienimmillä niistä on yllään hopeinen takki.

Yleensä ottaen Kalevalassa lauletaan paljon, korjaillaan veneitä, kalastetaan, hankitaan naisia ja mietitään, mitä niillä tehtäisiin. Tarina itsessään ei ole kovinkaan looginen, vaan pikemminkin kokoelma katkelmia. Katsos Lönnrotilla ei ollut nauhuria mukanaan, suorittihan hän matkansa 1800-luvun alussa. Hänen piti siis kirjoittaa paljon omasta päästään liimatakseen asioita yhteen.

Hauska yksityiskohta: Eräässä runossa meitä neuvotaan panemaan olutta, jolla saamme kunnon kännit. On selvää, ettei Kalevala ole vain kansalliseepos, vaan myös käytännön opas. Tri Lönnrot osoitti vastuuntuntoa, kun ei salannut meiltä tärkeää kansallista perimätietoa.

Loppupuolella kaunis pieni olento nimeltä Marja käyskentelee metsässä yksinään. Hän kumartuu poimimaan puolukan, ja hups! – hän on raskaana. Vauva kruunataan metsän valtiaaksi. Vanha Väinämöinen mutisee partaansa, menee pois muodista ja katoaa, eikä kukaan näe häntä enää koskaan.

Kalevala – mahtiäänten tarina, maailmojen synty, myrkyllisiä marjoja, urheita tekoja, kone, joka tekee kaiken työn ja sankareita, jotka laulavat tappelemisen sijasta! Hyvinkin sitä kertovan kansan arvoinen tarina.

Olkoon voima kanssamme!

Kuka nyt suomalaisia vihaisi

Oiva tapa oppia tuntemaan joku on ottaa selville, ketä hän kunnioittaa. Millaisia roolimalleja suomalaislasten mielissä väikkyy, kun he päättävät, mitä heistä isona tulee? Ketkä ovat ne elävät ja edesmenneet, jotka tarjoavat opastuksensa, arvonsa ja suuntansa suomalaisille? Katsotaanpa pikaisesti suomalaisia sankareita ja sitä, mistä heidät tunnetaan:

Aalto, Alvar (konserttisalit, pinottavat koivujakkarat); Häkkinen, Mika (pystyi oikeasti pistämään kampoihin Michael Schumacherille); Kaurismäki, Aki (elokuvia ihmisistä ajelemassa talvisen Lapin halki valkoisessa avoautossa, katto alhaalla); Kekkonen, Urho (korkeushyppy, Neuvostoliittoasioiden hoitaminen); Kuusela Armi (oli tosi kaunis heti sotien jälkeen); Mannerheim, Carl Gustav (puolusti raivokkaasti hevostaan ja maataan sodassa); Mononen, Unto (tango); Nykänen, Matti (mäkihyppy, kevyt viihde); Ollila, Jorma (Suomen versio Bill Gatesista); Selänne, Teemu (pelaa jääkiekkoa ja saa siitä maksun); Sibelius, Jean (klassinen musiikki, sikarit)...

Toki on monia muitakin mainitsemisen arvoisia suomalaisia sankareita, mutta toivottavasti tämä lista jotenkuten valottaa sitä, millaisia sankareita Suomessa kasvaa.

Eräs seikka, joka Suomessa on aina kutkuttanut uteliaisuuttani, on se, ettei heillä koskaan ole ollut tosi ilkeää kaveria. Melkein kaikki kantavat jotakuta taakkanaan: Saksalla on Hitler, Venäjällä Stalin, kiinalaisilla Mao, amerikkalaisilla Bin Laden, ja sitten on Ceaucescu, Hussein, Bokassa, Pinochet, Dracula ja Godzilla...

Suomi ei ikinä ole tuottanut tšingiskaaneja, polpotteja tai idiamineja. Joko heillä ei pahiksia tosiaankaan ole, tai sitten he osaavat visusti piilottaa ne, jopa itselleenkin.

Suomella ei luontaisia vihollisia ole. Naapurivaltiot Venäjä ja Ruotsi, jotka säännöllisesti taistelivat Suomesta, Suomessa, ja sitä vastaan, eivät ikinä tarkoittaneet mitään henkilökohtaista. Suomi vain nyt sattuu valitettavasti sijaitsemaan noiden kahden maan välissä.

Suomessa on jotain kammottavan hyvää. Maan historia ei tunne ainuttakaan kansanmurhaajamaanikkoa. Heillä on vain Muumit, YK:n rauhanturvajoukot ulkomailla, ja voi Kristus: he ovat jopa valjastaneet Joulupukin rekensä eteen!

Jollain ilveellä he ovat saaneet koko maailman uskomaan, että he ovat oikeasti hyviä tyyppejä. Suomen passia kantava ei joudu ikinä todellisiin hankaluuksiin. Kukaan ei tiedä Suomesta mitään pahaa. Kukaan ei tiedä Suomesta mitään, sillä he ovat onnistuneet pysymään poissa myös koko planeetan muistista. Suomalaiset haastattelevat säännöllisesti ihmisiä vieraissa maissa kysyen: ”Mitä tiedät Suomesta?” Tähän asti muistinmenetys on ollut täydellistä. Ihmiset eivät tiedä Suomesta yhtikäs mitään, mitä nyt joissain harvoissa tapauksissa joku muistaa suomalaisen saunan. Suomalaiset antoivat Molotovin cocktailille nimen – ja ”unohtivat” kerätä siitä kunnian. He varmistivat, ettei kukaan yhyttäisi sitä suomalaiseksi keksinnöksi.

SUOMALAISET?
KEITÄ NE ON?
MAARIKA

Kukaan ei vihaa suomalaisia. Se on tosi aavemaista, he ovat niin läpikotaisin viattomia. Maitoa juovaa, lainkuuliaista ja rauhaarakastavaa porukkaa.

Luojalle kiitos siitä, että he sentään käyttävät vielä maamiinoja.

Maanne / Ert Land

5. TOUKOKUUTA 1848

Ryhmä kansallismielisiä opiskelijoita vierailee suomalaissäveltäjän luona tämän nuhjuisessa Helsingin kodissa. He haluavat tämän säveltävän hymnin tulevaa Floran päivää varten, jota he aikovat juhlia lehdossa kaupungin lähellä. Säveltäjä auttaa mielellään, mutta tarvitsee pienen ennakkomaksun, jotta voisi aloittaa hymnin väsäämisen saman tien.

12. TOUKOKUUTA 1848

Opiskelijadelegaatio saapuu säveltäjän luo. Kurja kyllä, maestro on kännissä kuin käki, eikä ole kirjoittanut nuotin nuottia. Onneksi hienohelmaopiskelijat muistavat, että Fredrik Pacius on kaupungissa. Tämä saksalaissäveltäjä on kutsuttu Suomeen säveltämään maalle vihdoinkin ensimmäinen ooppera. Delegaatio

MAARIKA
JOSTAIN SYYSTÄ TÄMÄ KANSALLIS-
LAULU KUIVATTAA AINA KURKUN...
LÄHDETÄÄNKÖS TÄÄLTÄ OLUSILLE ?

menee Paciuksen pakeille. Hän lupaa olla avuksi ja sepittää opiskelijoille pikku melodianpätkän.

13. TOUKOKUUTA 1848

Flooran päivä. Kansallismielisten opiskelijoiden lehtojuhla on suuri menestys. Nuoret isänmaalliset ovat hurmioissaan, keksivät Suomelle lipun ja sadat innokkaat äänet aateloivat pikku melodianpätkästä juhlallisen maansa ylistyksen.

MYÖHEMMIN 19. VUOSISADALLA

Laulusta tulee Suomen virallinen kansallishymni, Pacius kirjoittaa Suomen ensimmäisen oopperan ja nimetään ”suomalaisen musiikin isäksi”.

1891

Ennen kuolemaansa Fredrik Pacius kirjoittaa päiväkirjaansa:

”Minulla on ollut pitkä ja rikas elämä. Mutta ennen luojani eteen astumista olen pakotettu tunnustamaan synkeän salaisuuden. Tämä maa on ollut minulle niin hyvä, ja silti olen karvaasti pettänyt sen luottamuksen:

Vuosia sitten, kun ne kansallismieliset opiskelijat pyysivät minua kirjoittamaan hymnin vain yhdessä päivässä... Totta puhuakseni en säveltänyt sitä ihan itse. Varastin sen. Se on vanha saksalainen juomalaulu, ja ajattelin, ettei kukaan täällä tunnistaisi sitä..."

1918–1940
Laulusta tulee Vironkin kansallislaulu.

1990
Laulusta tulee pienen tauon jälkeen taas Vironkin kansallislaulu.

1995
Suomen maajoukkueen kiekkoleijonat seisovat jäällä voitettuaan maailmanmestaruusfinaaliottelun pahinta vihollistaan Ruotsia vastaan laulaen ylpeästi vanhaa saksalaista juomalaulua kyyneleet silmissään...

2008
?

Heimot rituaaleineen

Olen kyllä kuullut sanottavan, että koskaan ei muka saa toista tilaisuutta ensivaikutelman luomiseen. Ensimmäisen Suomen vuoden jälkeen asiat alkavat maistua normaaleilta, ja sitä uskoo aika hyvin tietävänsä, keitä suomalaiset ovat.

Mutta pitemmän päälle huomaa, että vaikka he näyttäisivät samanlaisilta, ovat he kaikkea muuta kuin homogeeninen kansa. Useimmat ovat joutuneet muuttamaan joko yksilöllisessä tai kollektiivisessa historiassaan. Jokainen on kotoisin jostain muualta. Jokainen menetti perintötilansa sodassa tai yrittää paeta maaseudun toimettomuutta muuttamalla johonkin harvoista kaupungeista. Jokaisella on juuret jossakin syrjäseudulla, ainakin toisessa tai kolmannessa polvessa. Harvat aidot kaupunkilaiset ovat hyvin ylpeitä urbaaniudestaan. Muut ylpeilevät niillä pikku kylillä, joista he tulevat.

Suomi on heimojen maa. Vaikkei suomalaisia niin montaa ole, katsovat he oikeudekseen puhua useita eri murteita ja viljellä alueellisia kaunoja:

Hämäläiset ovat totisia luonteeltaan. Työssä he ovat jämäköitä ja käytännöllisiä. He edustavat suomalaisuutta aidoimmillaan, mikä näkyy siinä, että he pitävät maanviljelystä. He ovat myös... noo, hitaammanpuoleisia...

Karjalainen on eläväinen, puhelias ja aktiivinen, mutta työinnosta uupuu. Tämän todistaa se huomio, etteivät karjalaiset niinkään pidä maatöistä. He käyvät mieluummin kauppaa, laulavat ja soittavat musiikkia.

Pohjanmaalaisia pidetään erityisenä lahkona. He ovat karskeja, urheita, kiivasluonteisia ja mielellään ollakseen. Nämä ihmiset ovat kelpo peltotyöläisiä ja taitavia käsityöläisiä. Heidän juhlansa ovat kuuluisia: osallistujien tiedetään kuolleen makkaroihin ja kotikaljaan.

Savolaiset ovat leikkisiä ja pitävät kommunikoinnista. Itse asiassa he ovat siinä niin eteviä, että myyvät vaivatta mitä tahansa kenelle tahansa. Siksi muut Suomen heimot pitävät savolaisia läpeensä epäluotettavina.

Made in Savolax
MAARIKA

Suomenruotsalaiset ovat hyväluonteisia ja arvostavat siveyttä. He ylläpitävät arvokkaita vanhoja perinteitä, kuten vaikkapa sitä, että väkevien ryyppyjen yhteydessä kajautetaan aina pikku laulu.

(Haluan kiittää Kaarlo Hännistä osasta edellisiä heimomääritelmiä: Hänninen, Kaarlo: *Kansakoulun maantieto ja kotiseutuoppi yksiopettajaisia kouluja varten,* Osakeyhtiö Valistus, Raittiuskansan Kirjapaino Oy, Helsinki 1929, 4. painos)

Se, mistä olet kotoisin, on oleellisen tärkeää tietoa Suomessa. Otetaan esimerkiksi vaikka suomalaiset nimet. Oletko huomannut, että useimpiin niistä sisältyy erilaisia luonnonmuodostelmia? Laaksonen, Lahtinen, Nurminen, Virtanen, Järvinen, Aho, Ojanen, Vainio, Niitty, Vuori, Saari, Rinne, Salmi… Lista on pitkä. Totea asia itse: Kun suomalaiset kohtaavat tyypillisen minimalistisen Small Talkinsa merkeissä, he vääjäämättä kysyvät toisiltaan: ”Mistä olet kotoisin?”

Monissa muissa kielissä suosituimmat nimet ovat ammatteja: Weaver – Kutoja, Baker – Leipuri, Smith – Seppä, Butcher – Teurastaja, Miller – Mylläri, Brewer – Oluenpanija, Carpenter – Puuseppä, Hunter –

Metsästäjä, Fisher – Kalastaja, Tailor – Räätäli. Ketään ei voisi vähempää kiinnostaa, mistä olet kotoisin. Halutaan vain tietää, mitä elääksesi teet.

Suomessa tämän kysyminen voi olla töykeää, sillä se ylittää kevyen jutustelun rajat. Suomalainen identiteetti perustuu pikemminkin paikkoihin ja esi-isiin kuin uraan.

Joten parasta valmistella mukava pikku tarina heimostasi ja kotipaikastasi. Suomalaisilla on kelju sanonta sellaiselle, jolla ei ole mitään arvoa: ”Tämä ei ole mistään kotoisin.”

Älä nuolaise ennen kuin tipahtaa

Hämäläinen kaatoi itselleen ja ystävälleen vielä yhdet kossupaukut ja loi katseensa peilityynelle järvelle. Oli yksi niistä ajattomista valkeista öistä.

Ylä-Anttila huokaisi syvään ja tyhjensi lasinsa: ”Itku pitkästä ilosta, pieru tyhjän naurannasta.”

Hämäläinen nyökkäsi: ”Ei ikä järkeä lisää, se vain hidastaa tahtia.” ”Ei auta itku markkinoilla, myy turkki ja juo rahat”, Ylä-Anttila lisäsi.

Syvän hiljaisuuden rikkoi kahdesta miehestä lähtevä ääni heidän läpsiessään itseään ja toisiaan. Miehet istuksivat hyttysparven ympäröiminä.

”Köyhyys ei ole hauskaa, vaikka se joskus naurattaakin”, Hämäläinen sanoi pitkän ajan kuluttua.

”Älä nuolaise ennen kuin tipahtaa – muista, mitä saunatäit sanovat: olet mies siinä missä muutkin”, Ylä-Anttila vastasi vakavana.

Hämäläinen halusi sanoa jotakin, muttei voinut. Hän oli vetänyt henkeensä hyönteisen, ei saanut yskäistyä sitä ylös ja päätyi lopulta huuhtomaan sen alas Koskenkorvalla. ”Katsos rakkaudestahan se hevonenkin potkii. Rakkaus sokaisee, mutta avioliitto avaa silmät apposen auki!”

”Silti parempi miehen ilman lehmää kesällä kuin vailla vaimoa jouluyönä.”

”Joo”, myönsi Hämäläinen. He joivat vielä yhdet. ”Ei hulluja kylvää tarvitse, ne kasvaa itsestään. Ja routa se porsaan kotiin ajaa.”

”Tosi on”, Ylä-Anttila sanoi. ”Tyhmä kerskuu hevosellaan, hullu vaimollaan ja lahjaton lapsillaan.”

”Läheisyyttä ilman riitoja on vain hautausmaalla!”

He täyttivät lasinsa, tyhjensivät ne ja täyttivät uudestaan. ”Suo siellä, vetelä täällä, kuivaa ei missään. Pohjaton kuin papin säkki.”

Ylä-Anttila nauroi katkerasti. ”Ensi alkuun sitä ajattelee, ettei heinäkuorma hiirtä murskaa. Sitten oppii, että kissa elää kiitoksella, koira pään silityksellä.”

Hämäläinen tuijotti järvelle. Toisella puolella hirvi kahlasi majesteettisesti järvestä ja katosi metsään.

KONSTIT ON MONET,
SANOI AKKA KUN KISSALLA PÖYTÄÄ PYYHKI.
MAARIKA

"Sen käsi syvimmällä, jolla lehmä suossa", Hämäläinen sanoi mietteliäänä. "Rohkea rokan syö, ujot nääntyvät nälkään."

Ylä-Anttila nousi, verrytteli jalkojaan ja siemaisi ison kulauksen kossupullosta: "Sanasta miestä ja sarvesta härkää!"

Myös Hämäläisellä oli vaikeuksia päästä ylös. Jalkeille päästyään hän otti pullon, tyhjensi sen ja hymyili: "Mies palaa merten takaa, muttei koskaan turpeen alta..."

Miehet katselivat toisiaan hetken. Sitten he katselivat tovin järveä, sitten taas toisiaan. Sitten he ottivat toisiaan kädestä kiinni ja hyppäsivät.

Poliisi lopetti etsinnät viikon kuluttua. Hämäläistä ja Ylä-Anttilaa ei koskaan löydetty. Huhutaan, että he pitävät viihtyisää pikku nahkabaaria jossakin päin eteläistä Ruotsia.

Koskaan ei ole liian myöhäistä

Hassua, vai mitä? Jos halut ajaa autoa, tarvitset ajokortin. Jos haluat lentää lentokoneella, tarvitset koulutuksen. Jos haluat avata kukkakaupan, siihenkin tarvitaan lupa. Mutta joka ikinen aloittelija voi hankkia lapsia ilman minkäänlaisia lupia, koulutusta tai pätevyysvaatimuksia.

Suomi ei ole poikkeus säännöstä. Täälläkin voi kuka tahansa lisääntyä holtittomasti. Mutta täällä valtio kurkkii äidin ja isin olkapään yli varmistaakseen, etteivät lasten kasvatuksesta sentään vastaa ihan epäkelvot vanhemmat. Kun vauva syntyy, eivät sitä muokkaa vain äidin rakkaus ja hellyys, vaan myös ilmasto ja yhteiskunta.

Kun äiti tulee vauvoineen neuvolasta kotiin, hän saa niin kutsutun äitiyspakkauksen. Se on pahvilaatikko, joka sisältää kaiken lapsen perushuolenpitoon liittyvän, mukaan lukien toimintaohjeet. Valtio julkistaa uudistetun äitiyspakkauksen vuosittain. Ja mikä parasta: itse pahvilaatikko toimii kehtona ensimmäisten viikkojen ajan.

Suomalaislapset karaistaan hyvin varhaisesta iästä lähtien sietämään vallitsevia ankaria olosuhteita: Heidät laitetaan nukkumaan miinus viiteentoista pakkasasteeseen parvekkeelle tai pihalle. Äidin palatessa töihin lapset joutuvat kokopäivähoitoon – yleensä vuoden ikäisinä, ennen kuin he osaavat edes kävellä tai puhua kunnolla. Koko lapsuutensa heidän täytyy leikkiä ulkona säässä kuin säässä. Heidät puetaan kaikki samanlaisiin sinisiin Reima-talvihaalareihin ja he näyttävät kaikki samalta. Talvella haettaessa lasta päiväkodista täytyy pitää varansa, ettei epähuomiossa ryöstäisi jonkun toisen vesaa. Heidät on kaikki rokotettu kaikkea vastaan ja jokainen on jollekin allerginen: joku ei voi juoda maitoa, toinen kärsii heinänuhasta, joku ei voi syödä mansikoita tai

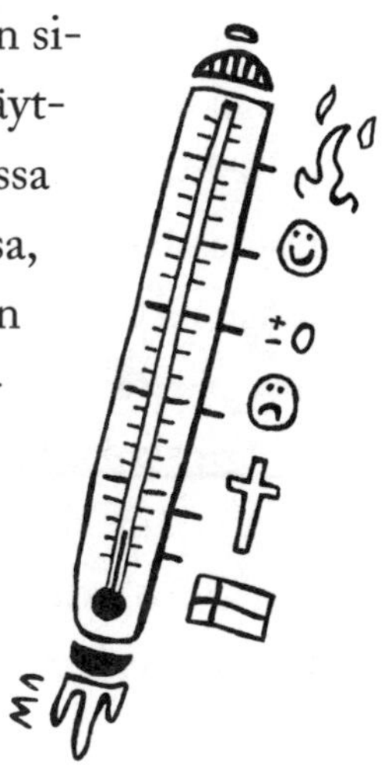

ottaa aurinkoa, tai heillä on muita muodikkaita pikku vajavaisuuksia.

Suomalainen lastenhoito huolehtii siitä, että seuraavasta sukupolvesta kasvaa itsenäinen ja selviytymiskelpoinen. Suomalaislapset kuljeskelevat kotiavaimet kaulassaan ensimmäisestä luokasta lähtien. Heidät ravitaan koulussa tai he ruokkivat itse itsensä mikroaaltouunin avulla. Valvontateknologia on alan terävimmästä kärjestä: suomalaiset vanhemmat voivat paikantaa, kouluttaa ja kauko-ohjata lapsensa matkapuhelimitse vain 0,05 eurolla per viesti.

Vaikka suomalaislapset joutuvatkin sietämään puolisotilaallista koululaitosta, voivat he silti pitää itseään onnekkaina. Lapsia ja lapsuutta pidetään Suomessa pyhinä. Tätä huoletonta, iloista leikin aikaa ihannoidaan. Uskotaan vakaasti, että lapset tosiaan ovat autuaan viattomia ja vapaita, ja pikku kullannuppujen onnea yritetään venyttää niin kauan kuin mahdollista.

Lapsia kohdellaan ikään kuin he olisivat planeettamme tulevia omistajia. Kaikki pyörii heidän ympärillään. Media tuomitsee jokaisen, joka ei halua sitoutua perhearvoihin. Ravintolasta kuin ravintolasta

ÅÄÄIIIITIIII!!!
MAARIKA

löytyy se hemmetin syöttötuoli. Joka kesä lasten yksitoistaviikkoisen kesäloman alkaessa työtätekevät vanhemmat tulevat hulluiksi yrittäessään keksiä tekemistä kyllästyneille kakaroilleen...

Suomalainen kallonkutistaja kirjoitti kerran teoksen nimeltä *Ei koskaan ole liian myöhäistä saada onnellinen lapsuus.* Hän luultavimmin varasti lauseen jostakin, mutta silti se nähdäkseni paljastaa suomalaisaikuisten suhtautumisen lapsiin: he kadehtivat niitä pikku penteleitä...

Paratiisia valloittamassa

Ollaanpa nyt kanssamaahanmuuttajat ihan rehellisiä: Miksi me itse asiassa tulimme Suomeen? Mistä täällä oikein pidämme? Ja mikä meidät saa jäämään? Sää? Elinkustannukset?... En minä sitä ajatellutkaan.

Ollaanpas ihan todella rehellisiä, sopiiko? Syy, miksi me täällä viihdymme niin hyvin, on se, että se hivelee meidän pikku itsetuntoamme, vai mitä?

Tiedämme kaikki, että jostain tuiki tuntemattomasta syystä suomalaiset kärsivät kollektiivisesta alemmuuskompleksista ja nauttivat tuntiessaan itsensä riittämättömäksi. Me emme tätä heikkoutta keksineet. Löysimme sen tänne tullessamme, emme olleet siitä ennen Suomeen saapumista kuulleetkaan. Mutta olisimme tosi tyhmiä, jollemme ottaisi siitä kaikkea irti...

MAARIKA

Ulkomaalaiset viihtyvät täällä, koska... miten sen muotoilisin... koska monet suomalaiset ovat vieläkin vähän naiiveja.

Suomi on ollut hyvin kauan eristyksissä muusta maailmasta ilmastosta, kielestä ja Neuvostoliitosta johtuen. Se on avannut rajansa vasta aivan viime aikoina. Kun tulin tänne vuonna 1986, täällä eli yhteensä noin 17 000 ulkomaalaista. Tänään tuo luku nousee reilusti yli sadan tuhannen.

On mukava olla ulkomaalainen Suomessa. Sokeiden valtakunnassa yksisilmäinen kruunataan kuninkaaksi... Totta puhuakseni olen varma, että jos olisin suomalainen, muuttaisin täältä niin pian kuin vain mahdollista. Mutta kun tulen muualta, voin nauttia Suomesta ja pitää hauskaa velvoitteista välittämättä. Minun ei tarvitse ymmärtää, kuinka asiat toimivat, eikä kukaan oleta minun käyttäytyvän kuin muut.

Voin olla erilainen halutessani, kun taas suomalaisilla ei tätä ylellisyyttä ole. Ja jos joku menee vikaan, syytän siitä Suomea. Siinäpä ulkomailla asumisen todellinen hienous. Mikään ei koskaan ole omaa syytäsi: joko se johtuu ilmastosta, suomalaisesta luonteesta, poliisivaltiosta tai heidän takakireästä asenteestaan...

Vaikuttaa siltä, että vaikka useimmilla suomalaisilla on erittäin hyvät tiedot ulkomaailmasta, heidän on vaikea uskoa, että kyseinen ulkomaailma voisi tosiaan olla niin paha paikka. He ovat suhteellisen helppoa saalista kohtalaiset sosiaaliset taidot omaavalle ulkomaalaiselle.

Useimmat teistä tietävät, kuinka helppoa täällä on päästä pukille. Ei tarvitse muuta kuin mennä baariin, klubille tai diskoon ja odottaa, kunnes päättäväinen humalainen blondi mukavasti valikoi sinut uhrikseen. He vievät mielellään ulkomaalaisen kotiinsa, ilmeisesti siksi, koska ovat niin läpeensä kyllästyneitä toisiinsa.

Ja voit tulla vaikka Napolin tai Rion slummeista ja asua isoäitisi keittiössä seitsemäntoista veljen ja kissan kanssa. Suomessa kukaan ei voisi vähempää välittää: olet silti aivan ihana, sillä sinulla kasvaa karvaa rinnassa, osaat vähän laulaa ja tulet oikeasti sieltä, missä aurinko paistaa. Täällä taika vielä toimii. Nuori Ricardo, eipäs yhtään virnistellä siellä, kuuletko?

Viimeisenä muttei vähäisimpänä: erityisen mukavaa Suomessa on se, että suomalaiset ovat tottuneet väljään liikkumatilaan ympärillään. Siksi he myös suovat muille runsain mitoin kyynärpäävaraa. He jättävät sinut rauhaan hoitelemaan puuhiasi häiriöittä.

En nyt menisi ihan niin pitkälle, että kutsuisin Suomea paratiisiksi. Se on siihen helvetin paljon liian kallis ja kylmä. Mutta ollakseni taas ihan todella rehellinen: Niin hauska kuin minusta onkin valittaa, en koskaan ole oikeasti katunut tänne tuloa.

Tämä nyt on vähän noloa...

Perjantai-ilta Helsingin keskustassa: kävelen kaupungilla seitsenvuotiaan kummipoikani kanssa. Näemme erään miekkosen yrjöävän kengilleen.

"Roman-setä, tiedätkö mitä pitää tehdä, jos käy noin?" kummipoikani kysyy. Pudistan päätäni toivoen, ettei poika järkyttynyt kovin pahasti.

"Pissaat vain sen pois!" hän sanoo leveä hymy pienellä naamallaan.

Jo lapset ovat sisäistäneet sen tosiasian, että alkoholi on olennainen osa tätä kulttuuria, ihan kuin revontulet, sauna ja jääkiekko. Juopottelu on kansallinen rentoutumiskeino, jokaisen suomalaisen perusoikeus ja velvollisuus, niin miesten kuin naistenkin. Raskas elämä, raskaat huvit.

Suomalaisten kanssa ryyppääminen on aina elämys. Siinä kännätessä – ensiksi kevyesti maistissa, sit-

MAARIKA
JOSSAIN TOISEN PULLON PUOLIVÄLISSÄ
ELÄMÄ YHTÄKKIÄ LAAJENEE
ÄLLISTYTTÄVIIN ULOTTUVUUKSIIN...

ten sammaltaen, sitten väsähtäneenä – suomalaisten ystäviesi persoonallisuus muuttuu täydellisesti. Tohtori Jekyll ja herra Hyde, ja vain puolikkaan, lämmenneen kossupullon jälkeen:

Ujosta insinööristä kuoriutuu aggressiivinen öykkäri, piukasta kouluterveydenhoitajasta tuhma nymfomaani, miehekkäästä bodarista vetistelevä nyyhky, joka kastelee paitasi kyynelillään...

Eikös alkoholin vaikutus heihin olekin mukavaa seurattavaa? He tosiaan tietävät, miten pidetään hauskaa. Seuraavana aamuna sitten poikkeuksetta väitetään, ettei muisteta mitään. Se kuuluu pelisääntöihin. Katoliset ripittäytyvät, tunnustavat syntinsä ja puhdistautuvat, suomalaiset taas kuittaavat pahat tekonsa karmealla kankkusella ja siten saavuttavat saman suloisen viattomuuden tilan. Tai niin kuin tunnettu tv-koomikko Simo Frangén sen sanoo: "Me suomalaiset emme juo humaltuaksemme. Me juomme, koska nautimme kunnon krapulasta."

Näpistä sata euroa paikallisesta kioskista ja istut vuoden vailla mahdollisuutta ehdonalaiseen. Puukota parasta ystävääsi yhdeksän tuopin jälkeen ja sinun

ooo
MITÄ JOS MYYTÄIS ISI JA OSTETTAIS TILALLE VAIKKA PUPU?
JOOO, PUPU!!!
MAARIKA

pitää vain käydä terapiassa jonkun aikaa. Sillä kännipäissäsihän sinä sen teit, eikö vain?

Tässä maassa on täysin hyväksyttävää menettää kontrolli alkoholin vaikutuksen aikana. Jos siis kannat jollekulle kaunaa, pidä huoli, että juhlit perusteellisesti ennen kuin menet ja ryttäät heidän naamansa. Mutta – soita taksi, äläkä aja sinne humalassa. Tien päällä loppuu jopa suomalainen sietokyky.

Kansalliset juhlapäivät kulkevat käsikynkkää ryyppäämisen kanssa. Itse pidän Vapusta. Minusta on paljon hauskempi seurata nuorten vetävän perseet olalleen samppanjalla (ja tavallisesti sateessa), kuin katsella tylsiä kulkueita ja kuunnella vanhojen ammattiyhdistyspierujen puheita.

Pikkujoulut ovat tärkeä vuotuinen rituaali. Kerran vuodessa voit kertoa pomollesi, mitä hänestä todella ajattelet. Saat ahdistella työkavereitasi seksuaalisesti, haastaa riitaa, pyllähtää kumoon ja tehdä itsestäsi totaalisen pellen – aamun tullen kaikki annetaan anteeksi.

Alkoholi auttaa väkiluvun säätelyssä edesauttaen vaihtuvuutta. Juhannus on hyvä esimerkki: Sadat miehet hukkuvat sepalus auki kustessaan järveen tai mereen. Menetys korvautuu sillä, että sinä samaisena iltana sadat suomalaisnaiset tulevat raskaiksi muistamatta oikein miten...

Ulkomaalaisen on vaikea ymmärtää suomalaista intoa nykäistä vielä yksi ryyppy kuuden aikaan aamulla. Minulta vaati melkein kaksikymmentä vuotta epätoivoista kännäystä ennen kuin sinne asti pääsin:

Heräsin, kun puhelin soi. Miellyttävä ääni toisessa päässä sanoi: "Anteeksi, että häiritsen. Tää nyt on vähän noloa, mutta mun on ihan pakko kysyä: Tehtiinkö me jotain eilen illalla?"

Silloin tiesin muuttuneeni suomalaiseksi: minulla ei ollut aavistustakaan, kuka siellä oikein puhui...

Kippis!

Kokeile, mitä tapahtuu

Lähes kahdenkymmenen Suomen vuoden jälkeen lukeudun veteraaneihin. Minulta on alettu kysyä neuvoja, miten täällä selviydytään. Mitä olen oppinut monivuotisen maanpakoni aikana? Millaisia neuvoja osaisin antaa? Kuinka minimoida kitkaa rakkaan isäntämaamme ja oman kulttuurimme välillä? Miten rakentaa siltoja ja silottaa muunmaalaisen ja oman väkemme kanssakäymistä? Kaikki te, jotka pidätte numeroista: Tässä lista kymmenestä asiasta, jotka kannattaa pitää mielessä:

1.

Opettele syömään jäätelöä talvella. Opettele puhumaan sisään hengittäessäsi. Kun lasket sormillasi, aloita pikkurillistä.

MAARIKA

2.

Ole itsevarma, mutta älä näytä sitä ulospäin. Tiedämme kaikki, kuinka suomalaiset arvostavat sitä, ettei olla ujoja, mutta ei pidä unohtaa, että he eivät kovinkaan helposti luota ihmisiin. Jos olet liian sinut itsesi kanssa, he inhoavat sinua.

3.

Teeskentele olevasi kiinnostunut urheilusta. Joidenkin nimien muistaminen (yleensä yleisurheilijoiden, jääkiekkoilijoiden tai autourheilutähtien) mahdollistaa siteiden luomisen suomalaisiin miehiin.

4.

Älä koskaan ole liian ylpeä mistään. Vähättele niin paljon kuin vain voit. Piilota arvotavarat ja väheksy saavutuksiasi. Varmista, etteivät ystäväsi saa syytä kadehtia sinua. Jos asiasi sujuvat liian hyvin, teeskentele olevasi kuolemansairas, vararikossa tai vakavassa ihmissuhteessa.

5.
Yritä kehittää ainakin perustavaa laatua oleva rakkaus luontoon ja maaseutuun. Joudut viettämään siellä joka tapauksessa hyvän tovin, voit yhtä hyvin pitää siitä.

6.
Älä koskaan sano mitään todella negatiivista heidän maastaan. Älä unohda, että sukupuoleen, ikään, koulutukseen, poliittisiin mielipiteisiin, uskontoon tai muihin vakaumuksiin katsomatta jokainen suomalainen on syvällä sisimmässään nationalisti.

7.
Älä puhu rahasta. Yritä myös olla ajattelematta sitä.

8.
Älä ole liian kyyninen: Älä ala nauraa, kun joku kertoo tosiaan uskovansa suomalaisten tomaattien olevan puhtaimpia maailmassa, tai ettei hallitus Helsingissä ole korruptoitunut, tai että hänen vaimonsa on hänelle uskollinen.

MAARIKA

9.
Älä ikinä aliarvioi suomalaisia. He saattavat vaikuttaa petollisen ujoilta, välinpitämättömiltä tai poissaolevilta, mutta ovat todellisuudessa ovelia, häikäilemättömiä ja valmiita ihan mihin tahansa hengissä selviytyäkseen.

10.
Anna heille kaikkesi. Ryyppää heidän kanssaan, sauno, hyppää heidän järviinsä, syö heidän ruokiaan, opettele heidän kielensä, vietä öitä heidän kanssaan. Kokeile, mitä tapahtuu.

FROM FINLAND, WITH LOVE

Essential reading
in preparation for your
trip here
Nov 2007

For my children

From Finland With Love

Text .... ROMAN SCHATZ
Illustrations ... MAARIKA AUTIO

Johnny Kniga

13. edition
Johnny Kniga Kustannus,
imprint of Werner Söderström Corporation
PL 222 (Annankatu 15 B), 00121 Helsinki
www.johnnykniga.fi

ISBN 978-951-0-30415-0

WS Bookwell Oy, Juva 2007

No joyful fart shall come from a disheartened arse.

Aus einem verzagten Arsch kommt
kein fröhlicher Furz.

Martin Luther

About This Book

What you are about to read is a collection of satirical columns about Finland. I came to Finland in 1986 because I was madly in love with a blonde I had met at a subway station in West Berlin where I was studying. I must be honest: Yes, I've asked myself many times (especially during the Finnish winter): "Why did it have to be a Finnish woman? Couldn't she have been from Brazil?"

Well, despite the distinct lack of sunshine and samba I stayed in Finland, found myself a job, got married, and learned the language. The foreigners among you will know that the latter is not exactly an easy task, but rest assured, it's a very rewarding one. If you're still struggling with Finnish, don't give up: It's a rich and beautiful language – and if you really want to bond with people here, you'll simply have to speak it.

Today I'm a happily divorced father of two wonderful children. Both of them are blonde, both of them are born in Finland, both of them have double citizenship, both of them are bilingual. They are my personal European Union.

Many people in Finland know me. A language teacher by education, I have worked for the Finnish Broadcasting Company for many years, writing, producing, directing and presenting TV language courses and travel programmes. More recently, I even got to present my own show – in Finnish. I've written books about Finland, school books for Finnish kids, translated many Finnish texts, and tried to make this country known abroad, mainly in Central Europe. Now, after almost two decades in Finland, I have become some sort of "julkkis", a celebrity.

They say: "Never bite the hand that feeds you." And of course, I won't. For all of you who still haven't got the message: I love Finland, and I'm not ashamed to admit it.

In my years here I've been to the sauna thousands of times, I've celebrated Vappu and Juhannus, spent many summers in remote cottages far away from civilization, I've learned a lot of things here, met a lot of people, worked a lot and made some very good friends. Finland has had a very healthy effect on me. It has calmed me down, it has widened my horizons, it has taught me to see things from a different angle, it has made me understand that the centre of the world can be anywhere. It has also taught me a very important lesson about myself: When I emigrated from West Germany, I left a lot of problems behind. Soon after I came here I realized that some of those problems had followed me. Thus for the first time in my life I could actually tell which of my problems were due to my surroundings and which of them were intrinsic.

I arrived here as a young adult, ready to contribute to the gross national product. Since my arrival I have paid a breathtaking amount of tax, supporting Finnish society with a huge chunk of my income even though Finland never invested a cent in my education.

Therefore I feel both entitled and obliged to share my experiences of this exotic country with other people, both Finns and non-Finns alike.

What do you call a person who obsessively burns everything? A "pyromaani". What do you call a person who obsessively steals everything? A "kleptomaani". What do you call a person who burns and steals everything? A "germaani".

Since I moved to Finland I've had to listen to a lot of jokes about the Germans, my own people. Many times Finns have asked me whether I know the thinnest book in the world, the book of German humour. Well, folks, you asked for it! Here's some German humour for you, and it's all about Finland.

Probably the best way to explain what this book is about is to quote a Finnish proverb: When a horse kicks you, it's out of love – Rakkaudestahan se hevonenkin potkii. This book does not intend to offend or upset anyone. It's supposed to entertain people, foreigners living here and suffering from culture shock as well as Finns with robust self-esteem and a healthy sense of self-irony.

Hard To Digest, But Good For You

Russia has Siberia. The United States have Alaska. Europe has Finland.

When you first arrive, Finland looks like a normal, pretty, expensive little country. Well, the light and the colours are different, at least in summer. In winter there isn't really any light.

But something else is different here too. It takes you a little while to really notice what – it's the people.

They don't look you in your eyes. They never greet strangers. They hate small talk. They never interrupt you; it's as if they're not listening. Say something nice about their clothes and they'll tell you how cheap those rags really were. Smile at a passer-by and they'll think you're a religious fanatic, on drugs, gay, about to sell them an oriental carpet – or all of the above.

HELLO!
MAARIKA

You don't believe me? See for yourself: go to a department store and spend some time in the elevator. Smile, look right into people's faces and start chatting away. You'll see their heart rate rise and sweat appear on their brows.

Then again – they just might invite you to their summer cottage for a sauna, which really means getting naked and royally drunk with them and their friends. With Finns it's sometimes hard to tell whether they hate you or love you.

The secret is simple. The Finnish concept of politeness works differently than in most other countries. In most cultures it's considered polite to communicate. In Finland it's polite to leave people alone.

Why bother others with a little joke on a Monday morning? They're having a rough time already, just like you.

Why ask your friend how his kids are? If there's something wrong with them, he'll tell you, he's your friend.

Why sit next to someone on an almost empty tram

and start talking when everyone could travel in peace and quiet?

Why surprise someone by ringing their doorbell when you can call a couple of days ahead and warn them of your intended visit?

If you come from a country with a hundred million inhabitants you probably talk ten times more than the average Finn. Go easy or you'll wear them out in no time. You'll also probably stand much too close to people. Give them about 70 centimetres and they'll feel safe. By the way, have you ever noticed that most Finns can speak while breathing in?

There is so much wisdom in the Finnish way of life: ”Life is uncertain so eat your dessert first.”

They live in a hostile climate, surrounded by nothing but enemies and hardships, stricken with a language almost no other creature will ever learn… But still, they love their country. And they love to hate it. But you be careful – don't say ”Yes” when they ask you ”Isn't it awful here?” You're supposed to fall in love with Finland.

Chances are you will. I know I did. You know, the

Finns really are… they are… let's say, they are a bit different than your common or garden variety of people. They're wholesome, if you know what I mean, a bit like their dark bread, the one with the hole in the middle. They're hard to digest, but very good for you.

And they're eternally grateful when somebody talks about them. So let's do just that….

From "A" to "O With Two Dots"

Usually languages look and sound funny when read backwards. Finnish is an exception: it looks and sounds funny backwards and forwards. When you first see written Finnish, you think that somebody has been sitting on the computer keyboard. A totally random mixture of characters with loads of ä's and ö's. The Finnish alphabet starts with an A as one would expect, but the last character isn't z, it's ö!

The first challenge for a foreigner is finding out where one word ends and the next begins. When I took my first steps in Finnish I realized that it made my jaws ache. My own language, German ("zwischen zwei Zwetschgenzweigen zwitschern zwei Schwalben") is spoken in the mouth, Finnish (älä rääkkää mun kissaani) is spoken deep down in the throat.

I practiced my prononciation every day using the name of my then next door neighbour, Yrjö Äystö. Thanks to his wonderful name I learned to utter the most primal and archaic sounds without getting a sore throat.

The Finnish language is structured like Lego bricks: a thousand little pieces, and they all somehow fit together: puu-puusto, luu-luusto, juu-juusto. You can combine everything without restrictions: näyttää, näytättää, näyttäytyä, näyttäytyttää, näyttäytyttäytyä, näyttäytyttäytyttää... it's both beautiful and practical.

Once I met a Finnish guy in a night club in Helsinki. We were looking for the loves of our lives, for comfort in our glasses, and for words with a maximum number of consecutive double characters. We found one with eight! Unfortunately I don't remember the word, nor for that matter the name of the night club, the name of the guy or how much he still owes me, but I do remember the word that came second in our contest: päätteellään – that's five consecutive double characters!

If I remember correctly, we also agreed that night that one's mother tongue is more important than one's fatherland, because almost everybody knows for a fact who their mother is.

"It looks as if he/she pretends to be asleep". Ten words. The same in Finnish in just two words: Lienee nukkuvinaan (or: Nukkuneeko tuo?). An extremely economical language. Because every word means so much you don't need as many.

Finnish is also a very non-sexist language. Have a taste: nai-da (to marry, to fornicate), nai-nen (woman). Olla nai-misissa (to be married, to take part in a sex orgy) – Finnish expresses things in a straightforward way, it's a logical, almost bio-logical language.

Actually, there are two Finnish languages (and I'm not talking about the renaissance variety of Swedish that has survived the centuries here). In real spoken Finnish, a "mootoripyörätakki" (motorcycle jacket) is a prätkärotsi, "excuse me" isn't "anteeksi", but "täh", and a bus isn't a bussi, but a dösä (Helsinki), a nysse (Tampere) or the equivalent in Turku dialect.

It still makes me smile to sit in a tak-si, order a pit-

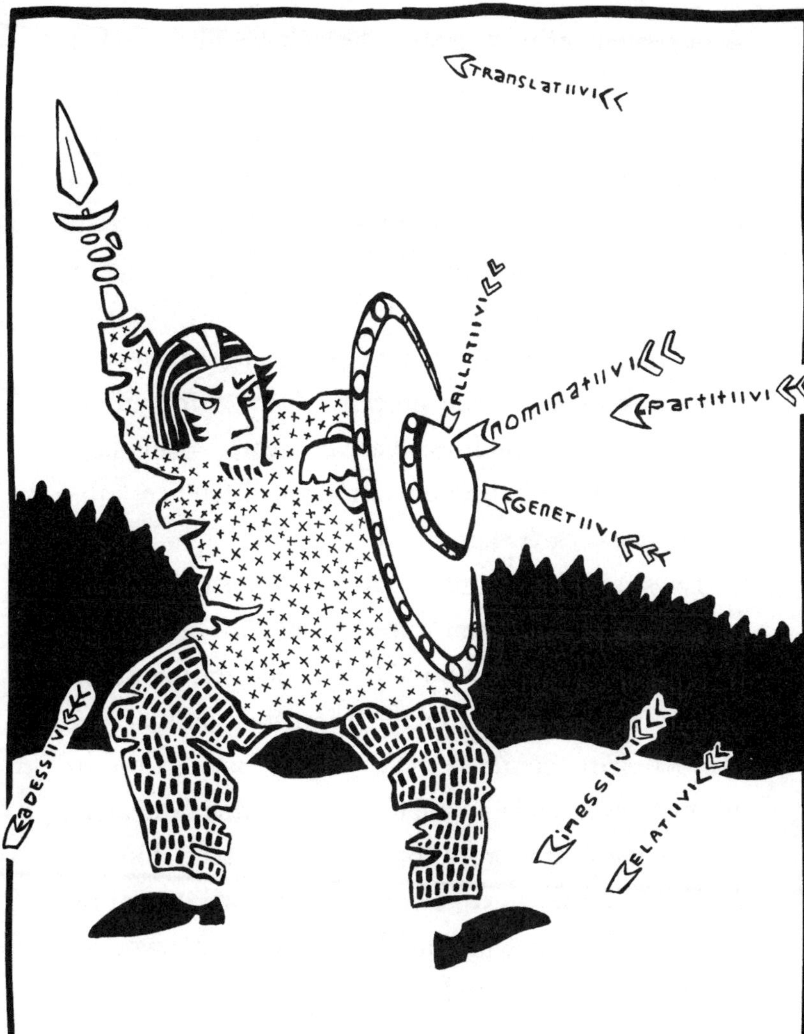
TRANSLATIIVI
ALLATIIVI
NOMINATIIVI
PARTITIIVI
GENETIIVI
ADESSIIVI
INESSIIVI
ELATIIVI
MAARIKA

sa or remember what it was like to have sek-si. What a sweet language.

Finnish grammar is mind-boggling, it's like a psychedelic drug. Compared to it, my native German is a very poor second cousin with only four different cases – Finnish has fifteen!

My personal favourite is the partitive case. It opens up comletely new dimensions. A language is a way to split up reality into little, processable and communicable pieces – and the Finns have cultivated a language that can sense very subtle differences, differences other languages can't express…

Let's remain faithful to our sample verb, naida: nai minua (fuck me) – nai minut (marry me). One can easily imagine many poor foreigners getting stuck in this country because the Finnish grammar got the better of them, especially because saying "no" in Finnish is a science in itself: In most other languages there's one simple word for "no" – nein, njet, non etc. In Finnish, the word for no is a verb with many different forms: en, et, ei, emme, ette, eivät… No wonder you can't say no to the Finns!

So what exactly are the benefits of learning Finnish? Well, you can enjoy the most beautiful palindromes in the whole world: Allu, the ice is melting again, Lenin is alive and the vessel may come! Allu, taas sulaa jää, Lenin elää ja alus saa tulla!

Tough, Not Flexible

I'm sure if you asked a hundred people in Finland "What makes the Finns so special?", at least half of them would mention a thing called sisu.

Sisu is something Finns are really proud of. They have even named a car brand and a brand of throat pastilles after it.

Sisu is a key word of the Finnish language. It's really difficult to translate: stamina, balls, putting-up with something, toughness, gritting your teeth… something along those lines, maybe.

Sisu is magical, it's a force that takes over and empowers its carrier with the ability to perform beyond human capabilities.

It's a non-aggressive, rather passive, introvert thing: Finns don't usually invade other countries (unless they're really drunk, of course), but they are the fier-

BLOW AGAIN, ISMO.

I ALMOST SAW SMOKE ALREADY.

cest imaginable defenders.

Ask a hundred- year- old Finn how he or she's done it and they'll say "with sisu". Ask how Finland managed to get out of WW II relatively unscathed, and they'll mention sisu (maybe it was also because they managed to swap sides shortly before the war ended…). Ask them why anyone would voluntarily ski 50 kilometres on a Sunday afternoon in minus thirty degrees – it's the sisu that makes them do it.

Sisu is spending your entire summer in the forest in pouring rain, loving every second of it. Sisu is paying five euros for a domestic cucumber because it was grown in extreme conditions, providing jobs for your people above the arctic circle. Sisu is falling on your face during a 10 000 m Olympic final and finishing with a new world record. Sisu is to stay in the sauna just a little bit longer than all the others and maintain a relaxed facial expression even if it's just for oneself.

Sisu means doing things until they're done, not because they're important, but because they need to get bloody well done and because you just don't bloody leave anything unfinished. It's not about what others might say if you don't do things properly; it's about what you think yourself.

Sisu is about being tough, not flexible. It means to never give up, to find more energy as the situation turns more desperate, to become stronger as the odds get worse. It's much like a turbo charger that kicks in when the going gets tough: In order to evoke it, you have to put the Finns against the wall, corner them, put them in a hopeless situation. First they'll go all white and silent, then they'll pump themselves up with that mythological force that enables them to endure the unendurable, bear the unbearable and tolerate the intolerable.

If you have an aggressive personality, give yourself a practical demonstration of sisu. I suggest a weekend night. Pick a fight with a Finn and beat him up for hours – chances are he won't budge, he won't move, he will just stare at you with a grim smile. And finally, when you're knuckles are sore and you can't lift your tired fists anymore, he'll say: "Gotcha!"

That's sisu.

"When God Created Man...

...she was only kidding." This doesn't translate into Finnish, because "he" and "she" are the same word, hän. What a pity, the Finnish girls would love it. After all, they run the show.

Finland is a matriarchal society. Finnish women were among the first in the world to receive the right to vote. And they use it: they have a female president and they used to have a female prime minister. Half of the members of parliament are women. There are more women with a university degree than there are similarly qualified men. The list goes on...

So what's so special about Finnish women? Traditionally, they ruled over everything inside the log house: children, animals, food, clothes, hygiene – and the men. The men took care of the work outdoors. That constituted a sensible way to share out the jobs in an arctic, sparsely populated country.

Finnish women are used to handling men. But they're not feminists. They have never needed to be, because their female authority isn't the result of battle, it is a natural phenomenon. For better or worse: they are certainly not helpless creatures, but they think men are.

They're easy to please. Just hold the door open for one when entering a restaurant and she'll be impressed. Manage to maintain witty conversation before, during, and even after sex and she'll fall in love with you. Give up your job and stay at home with her kids and she'll marry you.

Notwithstanding, you have to be careful: Do not try to charm Finnish women with your looks and your manners. They will cease to trust you if you give them too much attention. Remember to be a bit rough and moody every once in a while. Don't call them beautiful, that would arouse suspicions. Tell them they are intelligent and strong, that's something they can deal with.

Finnish women complain a lot about their men:

MAARIKA

"They don't talk and they don't kiss". Well, Finnish men probably noticed a hundred years ago that it didn't make much sense to argue. And who has the time to kiss his wife while he's busy doing the dishes?

Finland is a potential paradise for stressed males who hate to make decisions. Here you can just lean back and let yourself sink into the lap of an intelligent woman equipped with loads of will power: she'll manage your career, your accounts, your beliefs, your workouts and your cholesterol intake, and she'll make you quit smoking. All you have to do is let go, relax at your future in-laws' summer cottage, and learn how to enjoy it all.

This last, enjoying it all, might just be the hard part. The divorce rate in Finland is a solid fifty per cent. But even though things could go terribly wrong, fear not – not only are the women in Finland outstanding, so is the divorce legislation. Since there are no uneducated housewives, splitting up is relatively easy and fair. You pay for the kids, but you don't have to pay for your ex-wife's holiday trips. She most likely has a better job than you, anyway.

Of course, a system like this has its dangers. In twenty years all men in Finland will be unemployed alcoholics and all the jobs will be manned by women…

Finnish women are strong, but they're not cruel. Just one example: They receive less pay than their male colleagues – for the same work. What a nice little gesture, and it makes sense: the life expectancy of men is seven years less than that of women, hence women spend a lot more time living on their pension. By paying women slightly lower wages during their active working years, this imbalance is compensated for. Thank you, ladies, that's what we call fair play!

Never A Healthy Day

Finland has fought many wars. The Finns had to prove their metal against the Russians, the Swedes and the Germans, even against each other – unfortunately they never quite managed to emerge victorious. This lack of a truly glorious martial past is probably the reason why sports are so important here. Sports are a method to compensate for having been everybody's victim throughout history. Every year there's a binational competition against Sweden, the so-called Suomi-Ruotsi maaottelu. Since it's impossible these days to launch a military attack against a neighboring country, one has to compete on the track and field – but it's taken as seriously as out and out war.

The Finns are very afraid that the world might just forget about them. Therefore Finland has to be "put on the world map" over and over again, and it's done by winning medals. For a country with just five million inhabitants Finland has produced an incredible number of internationally successful athletes. Fathers force themselves out of bed at eight o'clock on Sunday mornings to drive their offspring to sports practice. The newspapers, television and radio channels are full of sports news. Athletes that come home from an international competition with a bright shiny medal around their neck are given building land, houses, cars and other gifts, sometimes they even get a little monument in front of the local shopping mall. Athletes are not paid very well here – nobody is – but success in sports opens up doors: Many parliament members are former athletes. A past as an athlete is a better qualification for a political career than a proper education. The best example is Urho Kekkonen. This former high jump champion became – Finland's president.

So what are the disciplines in which Finnish athletes are successful? Well, basically anything that requires a lot of lonely anger and fearlessness: Driving a tuned car through an empty forest at a lethal speed is a thing the Finns have always been good at. Ski-jumping is another one. Finland has produced champions in Formula One, High-speed downhill skiing, cross-country skiing, long-distance running, rowing, even tennis – as long as it almost kills you and you can do it alone. Disciplines that require teamwork and communication are much more difficult for the Finnish psyche, and when the national Ice Hockey team lost a world championship semifinal match against Sweden 6:5 (after having lead 5:1!!!), there was a noticeable peak in the suicide statistics.

The Finnish word for sport is closely related to bravery and heroism: urheilu, urhea, urhollisuus… It's all about fighting and winning against the odds and not giving up under any circumstances. And it doesn't really matter how you do it, the important thing is to take it dead seriously. If you're not good at any of the big-buck disciplines, you can always try a career

MAARIKA
HONEY...
I THINK WE SHOULD HAVE
TURNED LEFT
BACK THERE...

in kyykkä (bowling with logs), suunnistus (running around in the forest trying not to get lost) saappaanheitto (throwing rubber boots) or akankanto (carrying your fat wife on your back).

For many years the Finns believed that their athletes were clean, and that their numerous victories were due to skimmed milk rather than anabolic steroids. But unfortunately doping has found its way here, too. The famous Finnish sisu alone won't do the trick; you do need a little help from your doctor. When a Finnish athlete gets caught and has to give his or her medal back, he or she becomes the subject of national shame and hatred. Maybe a clever way to put Finland on the world map would be to find new, untraceable ways to boost an athlete's performance. After all, one of their proverbs says "an athlete will never see a healthy day".

Arctic Cuisine

Pea Soup (Hernekeitto)

This is the basic nutrition of the Finnish Armed Defence Forces who vigilantly guard the forest and tundra. Hundreds of years ago some Swedish king made his armed forces eat the stuff once a week (on Thursdays) to prevent deficiency diseases. Pea Soup is warm, manly, and enhances solidarity among the troops.

Flamed Salmon (Loimulohi)

1. *You catch a salmon.*
2. *You nail the salmon to a piece of wood.*
3. *You make a fire.*
4. *You put the wood with the salmon in an upright position next to the fire.*
5. *You wait until the salmon looks and smells good.*
6. *You sell it for 8 € on the parking lot next to the lake.*

Easter Dish that looks like Sh** (Mämmi)

Sold around Easter in cardboard boxes almost everywhere in Finland. Contains sugar, malt and maybe some other things, tastes quite okay, but still looks so much like sh** that it's not really fun to eat. I've heard pouring fresh cream on it helps.

Meat Balls (Lihapullat)

Very popular dish for many occasions: children's parties, weddings, funerals. Also very widespread school food in Finland.

too many breadcrumbs
too little minced meat
salt, pepper
water

Mix the breadcrumbs and the ground meat with salt, pepper and a little water. Form balls and fry them. Serve with lots of ketchup, french fries, and love.

Scream (Kilju, the cheapest way to get drunk)

2,5 kg sugar
4,5 ltrs of warm water
1/2 yeast cube

Put everything into a white 5 litre plastic canister. Mix well. Put in a warm place for 10 – 14 days. Vent regularly. Drink it if you really need to.

Salt Liquorice (Salmiakki)

Finnish Icehockey players who play in clubs abroad frequently declare that the one thing they miss most about Finland is salt liquorice, salmiakki. Probably some sort of sponsoring contract. Nevertheless, salmiakki is sold at every kioski (corner shop) and it's the official Finnish prescription against homesickness. Meet a Finn in a remote corner of the world, give him/her some salmiakki and you'll have a new friend. By the way, Salmiakki is a compound of ammonia and hydrochloric acid. Mmmmh!!

GOOOOOOOOOOAAAALL!!!
77
MAARIKA
HEY FRIEND...
WANT SOME SALMIAKKI?

Carelian Pies (Karjalanpiirakka)

Make grey dough out of rye flour, salt, and water.
Roll and cut the dough into round discs the size of your hand.
Splat down a spoonful of rice porridge in the middle and fold into oval pies.
Wrinkle the edges of each pie to make it look like an aging Carelian vagina.
Bake in a hot oven.
Lubricate with melted butter, serve hot.

Koskenkorva (Rapids)

Almost like mother's milk for the Finns, this is the single most indispensable beverage of all. The name originates from the feeling you get after a couple of shots: It's like going down the rapids in a barrel. You are supposed to enjoy it luke warm, in bad company, and with a knife in your hand…

Big Brother

Most people have unhealthy habits, take unnecessary risks in their pursuit of happiness and have a tendency to misbehave once in a while. The human animal left to its own devices is a completely irresponsible creature – it has no idea what's good for it and what isn't. That's why the government, the health officials, and the moral majority in Finland try to give their fellow subjects all the guidance they can. If you have decided to become a better person and rid yourself of everything unhealthy, unsafe and immoral, you've come to the right place. Finland cares for you like a loving mother:

Go to a Finnish supermarket and try to buy dairy products that contain fat. You won't find any: Everything is sugar-free, fat-free, politically correct, well-balanced, anti-allergic and enriched with live-en-

MAARIKA

hancing bacteria. Their chewing-gum contains xylitol and thus is not an instrument of oral pleasure, but a medicine that replaces a good old-fashioned session with your toothbrush. There's a soft drink called "Fun Light", containing absolutely nothing at all – except for some color, aroma and water. That's the spirit! Even for arctic Lutherans it's o.k. to have a little fun once in a while – but please, not the heavy kind!

The Finns are an intriguing people – they stood up against the Russians and they'd do it again any time, but they're shit scared of cholesterol.

Cyclists have to wear a helmet. When driving a car you have to have the lights on at all times – in fact when they import cars they alter them so that you can't switch the lights off while the engine is running! They build beautiful roads, wide like airfield runways – and then they impose a 50 km/h speed limit.

The national law on general order makes "inappropriate behavior in public" a criminal offense. Singing out loud on your way home from the pub, yelling at your wife in a parking lot, urinating in a dark alley, having a beer in a park, carrying a spray can or anything else that could be used to leave a colorful trace on a gray concrete wall – it's all illegal. Just imagine if it weren't – we'd all live in complete anarchy!

Finland's achievements concerning health, safety and public order are unsurpassed. However, there's still room for improvements: What about helmets and hands-free devices for pedestrians? Why not introduce airbags for armchairs? Why don't we all have to wear reflectors on our clothes, even in broad daylight? And how can phone sex without wearing a condom still be legal?

There's still a lot to be done: I suggest every citizen should be tested on a daily basis: for drugs, nicotine, blood fat and improper thoughts. Regular visits to a gym should be a prerequisite for employment. We also desperately need a general curfew – I admit this would somewhat hamper the national economy, but it would also prevent us hedonists from littering, being noisy or otherwise disturbing the general harmony we all so badly need.

The Finns know what they're doing to themselves. They even have a name for it: holhousyhteiskunta, a society where the State makes up our minds for us. And the State wants us to be safe at all times, behave properly, and die healthy!

My Home Is My Koti

I'm lucky enough to live in a nice, spacious old flat in the center of Helsinki. I rent it – the rent is horrendous, but I love the place and I could never afford to buy it. When my Finnish friends find out that I don't own the apartment they pity me. Renting a flat means you're a failure, you're poor, and you're stupid, too:

"What? You're renting this place? But that's insane! You're making your landlord richer by paying him every month and you get nothing for yourself! Why don't you buy a flat?"

Well, I also make the dairy companies richer by buying a carton of milk almost every day. Does that mean I'm an idiot for not buying my own cow?

Owning the house or apartment you live in is the single most important status symbol in Finland. People are ready to eat cheap tuna from the can and dry bread for decades just to be able to pay off the mortgage. They are perfectly willing to say goodbye to restaurant dinners, holidays abroad, their hobbies and anything else that costs money, as long as they can have their ultimate dream fulfilled: a place of their own, even if it's only a tiny little box of less than 20 square meters.

When you enter a Finnish home, make sure to take your shoes off and start admiring the place. Don't bother to pay your hosts compliments about their pretty children, their cool jobs or their shiny car, what really counts with them is their home.

50 YEARS OF MORTGAGE PAYMENTS...
BUT NOW GERTRUDE, OL' GAL...
WE CAN REALLY START LIVING!

The best thing to have is a house of one's own, a so-called "omakotitalo". A friend of mine bought one several years ago, a beautiful old wooden building with a sauna, a big garden and a long driveway lined with birch trees. For a while he was the happiest man on earth. He spent all of his free time at home, fixing up the house, repairing things, painting walls, decorating, gardening...

During the first winter he found out that the long driveway had a major disadvantage. When it snowed he had to get up at 5 in the morning and work his butt off to get his car out of the yard and make it to work on time.

During the second winter the pipes froze and burst. My friend spent weeks without hot water or heating, his winter holidays and his savings went into fixing the pipes, his wife had to fly to the Caribbean on her own.

During the third winter his wife started to complain: "We never do anything together anymore. You're always busy!" She filed for divorce and she wants half of the value of the house in cash.

Many Finns say a flat or a house of your own is a good investment for the future, something to pass on to your children when you die. Well, we all know the punitive taxes in this country, and when you really do kick the bucket, it is more than likely that your children will have to sell the place in order to be able to pay the inheritance tax.

The North American Indians, so highly acclaimed for their wisdom, have always marvelled at the white man's concept of buying and selling land and real estate. How can a human with a life-span of less than a hundred years own something that lives much longer than he does?

Let's not forget one thing: Nobody owns anything, not even their own body. We're all just tenants on this planet.

Vittu

Do you remember the first Finnish word you ever learned? You don't? Just read on, it'll come back to you in just a moment...

As you certainly have noticed, the Finns are a nation of tough guys and gals. They like hard liquor, the steaming hot sauna, sharp frost and brutal sports. It's only logical that they also like strong language.

In most cultures swearing is considered something you shouldn't do. In Finland it is an essential part of effective communication. If you want to verbally interact successfully with Finns you have to learn to enhance your lingo with those special little words that add emotion, depth, and meaning to your message.

Since the Finns are a deeply religious people, biblical vocabulary will do the job in most cases. Perkele, saatana, jumalauta and helvetti are used in almost any

MAARIKA

context and give a nice, intense flavor. "En jaksa kuunnella sinua." (I don't have the nerve to listen to you) Doesn't sound like anything, does it? "Saatana en perkele jaksa kuunnella sinua jumalauta!" Now that sentence's got balls!

Hell, the almighty God, his colleague the Devil and the fucking saints may be very helpful when it comes to insulting someone or to adding verve to what you're saying, but there's one swear-word above all others, one word that says it all, one word that is much stronger than religious blasphemy could ever be. I'm talking about the female reproductive organ, the vagina, the cunt, the quim, the fanny, the pussy, the slit, the beaver: the omnipresent vittu.

Statistics show that vittu is actually the most frequently used word in the spoken Finnish language. You'd think that in a country this eager to achieve equality between men and women the females would object to having their most intimate parts bandied about as an expletive. That, however, is not the case, on the contrary: Finnish women take pride in using it at least as much as the men do.

The male counterpart kyrpä is also used as a swear-word, but for some reason it doesn't evoke emotions as strong as vittu does. The women have definitely won this battle!

There are no limits to the creative use of vittu. There's a whole spectrum of derivatives: vittuilla, vituttaa, vittuuntua, vittumainen, mitä vittua etc. (to fuck with somebody, to be/get fucking angry, to be a mean fucker, what the fuck etc.) Probably the most versatile is the genitive vitun. It can be combined with virtually anything: vitun hyvä, vitun huono, vitun paska, vitun ihana... (fucking good, fucking bad, fucking shit, fucking great...)

Even the most surrealistic combinations are possible, e.g. "vitun homo" or "Voi Jeesuksen vittu!"

Vittu is the cornerstone and the centerpiece of Finnish culture. As a matter of fact, it's the very source of life! Apart from the poor bastards that had to be separated from their mothers by a caesarean section we have all emerged from a vittu.

Dear friends, let's remember that what we use as a swear-word is one of the nicest and one of the most important places in the world. Let's all have a moment of silence, pay tribute, and smell some pussy: Haistakaamme vittu!

The Night Between November And February

Winter is the time of the year when we foreigners start suspecting that moving to Finland might have been a mistake after all. We dream of going home to Turkey, Jamaica, India, Australia or even Germany. We pity the Finns, because they are left to their own devices. Where would they return to? Oulu, Rovaniemi, Ivalo?

There's really no need to feel sorry for them, and it's short-sighted to welcome the greenhouse effect here in the vicinity of the arctic circle. To the untrained eye Finnish winter might appear as a curse, but in reality it is a blessing that keeps this society going. Unofficial calculations show that about half of Finland's gross national product is due to winter, directly or indirectly. There are lots of examples:

Finlands pharmaceuticals industry would go bankrupt in no time if it weren't for the arctic depression and the little pink pills the population enthusiastically swallows. Without winter, half of Finland's psychologists would be driving taxis because people wouldn't find as many good reasons for attempting suicide.

The snow keeps a hundred thousand Finnish janitors employed who would otherwise never find a decent job. Maintaining the heavy machinery needed to get rid of snow is an economic factor just as important as the entire Finnish Armed Forces with all their tanks and whatnot.

The energy business loves the Finnish winter: Here you can still build new nuclear power plants while the rest of the world is already phasing out atomic energy. You can price energy at any level you want: after all, if the people want to stay alive, they will have to heat and light their appartements.

In Finland it's very easy to get rid of house mites, fleas and homeless alcoholics who put a strain on the welfare system: all you have to do is lock them out in the snow and ice.

It's obvious that the national economy couldn't

MOVE OVER, FUR ASS...
AND NO FIDGETING BEFORE
1ST OF MARCH.
MAARIKA

survive without winter. But apart from the economic advantages, winter also brings with it lots of amusements that people in warmer countries have to make do without.

Queuing in front of a restaurant in minus thirty degrees centigrade creates strong bonds between people and raises the consumption of alcoholic beverages to astronomic levels – provided you actually end up making it inside the restaurant.

Picking up your children at the kindergarten is also very exciting in winter. Almost all the little brats wear the same cold weather overalls, and it can easily happen that when you peel your kid at home, what you find is the fruit of somebody else's loins …

Undoubtedly the most entertaining thing to do in winter is to search for your snow entombed car. First you have to find a shovel somewhere, then you start digging like there's no tomorrow. And when you're finally ready to jump behind the wheel and hit the road, a snow plough will appear and put a meter high wall of snow right between you and the open road.

The Finnish winter is a great and marvellous power. It mercilessly dictates the rhythm of everyone's lives and its effects reach all the way down to each and every little detail of human existance. Even police interrogations sound different here than in other parts of the world: Where were you during the night between November and February?

Å

TURKISH KEBAB MADE by Kurds, a Rastafarian entering a bus driven by a Somali, Japanese tourists in an art museum cleaned by immigrants from the Philippines, Estonians and Russians in a Chinese restaurant at the shopping mall: It's clear to see: Finland is turning into a European country.

In the good old iron curtain days you could turn heads on the streets by speaking a foreign language. Those days are over. The Finns are getting used to minorities from around the Globe. Since garden restaurants, smiling, and small talk have become legal in this country, Finnish eyes have started to adjust to the sight of human skin in all its shades and with all its attendant tattoos and piercings.

But there is one ethnic minority they'll never get used to. One ethnic minority the Finnish-speaking

Finns have been envying for centuries. One ethnic minority that is older and bigger than all the others put together. We're talking about 290 000 people, 5,6 % of the population. Please everybody get up for a moment and say Åååååååå!

It's the Swedish speaking Finns, the descendants of the people who got stuck here when the Russians took over Finland in 1809.

They have their own schools. They have their own theatres. They have their own newspapers. They have their own universities. They have their own TV channels. Their language is compulsory learning for the entire population. Needless to say, they have their own political party. And funnily enough: There has never been a government without that little party.

To be honest: They deserve it. The Swedish-speaking Finns founded this country. They made the Finns descend from the trees, dressed them, forced them to learn to read and write, and used them as cannon-fodder in their wars. The only serious political murder in Finland was committed by a native speaker of Swedish. There wouldn't be a Finnish Republic without a

Å
MAARIKA

lot of hjälp from their Swedish-speaking friends.

But the times have changed, and nowadays Finland enjoys cocktails and snowboarding, they have Nokia and they have the EU. And the Finnish-speaking Finns are starting to look at their Swedish-speaking compatriots with raised eyebrows.

The poor Swedish-speaking Finns! It must be hard to become strangers in your own country. They carry Finnish passports; their grand parents were born here – you can't send them away, really. And they can't go home either, because after so many generations the Swedes in Sweden won't take them back anymore (I've heard it's because they speak funny Swedish).

But the Swedish-speaking Finns are a clever tribe and have survived many a storm over the past 800 years. They are wildly determined to avoid extinction. They've had time to see it coming. And they kept a little back door open:

Åland or Ahvenanmaa, a group of islands nicely close to Stockholm. The place is officially a part of Finland, but it's kept 100 % Swedish-speaking: They have their own stamps, their own lottery, they have their own legislature, and every once in a while they even try to introduce their own currency. Finnish-speaking Finns are simply not allowed to settle in Åland, and the national Armed Forces don't have permission to set foot there. It's the coolest of arrangements: Anything nasty happens in Finland and the svensktalande bättre folk will just retreat to their islands in an orderly fashion.

And you and I, the real Finns, and the real foreigners, we'll stay, won't we?

Around The Year In Finland

You must have noticed: Every second day the Finnish blue cross on a white background flies all over the place. Every author, composer, painter, politician and war veteran has their own celebration day. They have an official calendar with the flag days, the liputuspäivät. Finnish janitors have a little booklet telling then when to hoist the flags and when to take them down.

Most Finnish celebrations work very much like anywhere else. Christmas for example is just like in other countries, apart from the strange menu maybe, and the annual terror of having to send everybody and their cousin a Christmas card. New Year's Eve, Easter, birthday parties – there's not much difference, really. People congratulate each other on their name days, but that's not really typical of Finland.

But there are some celebrations that are definitely very Finnish. Here are the most important ones:

The First of May (Vappu)

Despite the name, the real action is on April 30. Vappu is the Finnish equivalent of carnival, but squeezed into just one day according to Lutheran ethics. In truth this is an archaic ritual related to springtime, hedonism, and fertility. Everybody is trying to be very silly and everybody gets completely drunk. Citizens with a high school diploma do it with champagne, wear a white cap and feel nicely superior all day. On the first of May, May Day, the nation celebrates the hangover of the year. Some old dinosaurs still gather in the poorer parts of town and march in honour of the workers of the world .

Midsummer (Juhannus)

Juhannus is celebrated in late June, within a few days of the summer solstice, the actual astronomical midsummer, the shortest night of year. Of course, the Finns have put it on a weekend. The idea is to spend

Juhannus with groups of people (family, friends) in the countryside. You stay awake all night, and eat and drink in quantities that would make Vikings look like choir boys.

Don't miss the highlight: the ritual burning of old chairs, sofas, boats and Christmas trees on the beach. You're supposed to stare into the flames, enhance your calm, and admire the nightless lake-and-forest scene.

Independence Day (Itsenäisyyspäivä)

Celebrated on December 6, the day when Lenin decided to let Finland become independent, because it was a pain in the ass. You put candles in the windows and feel patriotic. Some shaking old general deplores the decrepid moral state of Finnish youth (Rumour has it that he's been dead for years and that they rerun the same old speech).

The day is crowned by a most interesting television happening: The president's reception at her office in downtown Helsinki is broadcast live on almost all channels: many hours of extremely boring visuals, commentators speaking epically about what the up-

album
OFFICE
PIKKU
JOULU
PHOTOS
MAARIKA

per class is wearing tonight, who was invited and who wasn't, who's with who and who isn't... The show has incredible ratings, one third of the adult population watch the rich and famous of their republic being royally bored at the tax payers' expense.

Christmas parties (Pikkujoulut)

Celebrated during the last three or four weeks before Christmas, not with family, but with colleagues and friends. Important annual mental cleansing mechanism. You're supposed to get totally intoxicated, lose your composure, your temper and your face. Pick a fight with your boss, try to sleep with his wife, vomit into the wine cooler – nobody will mind, because amnesia is the deeper meaning of pikkujoulut. The next morning, everything will not only be forgiven, but also forgotten.

Bachelor parties (Polttarit)

Celebrated all-year round. If any of your Finnish acquaintances plans to get married, you are expected to organise a bachelor party for him or her. The idea is to publically humiliate your buddy as much as possible. You're supposed to surprise them. Use your sadistic fantasies in order to invent a nice game plan for the day: Dress your victims in a trash can, blindfold them, make complete idiots out of them on the market square, get them drunk on warm booze, make them sell carrots, condoms or cabbage to passers-by for a ridiculous price. Make sure to videotape them for later amusement. They will know what a very good friend they have in you and will remember you with affection until the day they die.

Elk Collision

In relation to its overall population, Finland has produced an astonishing number of internationally successful rally and formula one drivers. Kankkunen, Alén, Vatanen, Mäkinen, Häkkinen, Salo, Räikkönen, Grönholm are among the fastest boys in the world. Makes you wonder, doesn't it? What is the secret that makes the Finns so good at motor racing?

The mentality partially explains the phenomenon: In order to be able to drive through a beautiful, empty forest at maximum speed you have to be very lonely, very angry and utterly suicidal. As we know, most Finnish men meet these criteria. All you need to do is give them a car and a stretch of road where they can practice. Fortunately the country is full of bumpy, empty roads.

Watching the normal daily traffic in Finnish cities

also helps to understand the surprising success.

Finnish drivers concentrate on the essential. They never use their indicator lights. That saves energy, extends the life-span of the light bulbs in their cars and it makes driving that much more interesting: You wait behind somebody and you have now idea where they'll go, left, right or straight on. On tedious trips with your family you can use this to play a little game: Let's guess where the car in front of us is going to go...

Pedestrians (those pathetic creatures who can't afford a car) stop at red lights, even in minus thirty degrees at four o'clock in the morning with absolutely no cars in sight. Cars never stop at a red light, not even during rush hour. A red traffic light just means that you're in a hurry to make it over the crossing. Try it: The next time you drive through a red light, look in the mirror – you can be sure that at least two more cars will do the same after you.

Changing lanes or trying to get onto the motorway reveals the attitude that helps Finland bring home international trophies. In other countries your driving teacher tells you to politely make way for others. Not

MAARIKA

in Finland. Here they teach you an aggressive Darwinist approach to traffic and the basic rule of "first come, first served". If somebody wants to change lanes in front of you, make sure to cut them off. You were there first and if the other car gets stuck in the wrong lane so much the better, that means that you emerge from the situation victoriously.

A very interesting training opportunity for future race aces is the so-called pilluralli, the quim rally. It's done in all small Finnish cities on weekend nights. The girls sit on the main square, the boys drive around the main square with open windows, elbows out and roaring car stereos. The idea is to circle the main square as many times as possible, eventually persuading a girl to get into your car and come along for a ride...

At the top, there's only room for a few. So what about all the poor guys who never make it to an international formula or rally track? Well, Finland provides the perfect jobs for them, too. Bus and taxi drivers all over Finland display exactly the same behavior as their more illustrious and much richer racing colleagues:

Drive as fast and as recklessly as possible, ignore all rules unless the police are near, sabotage, hamper and impede everyone else on the road.

So if you aspire to be a future star in racing, just do as the Finns do: Pretend you're alone on the road, never show mercy and most importantly: Don't forget to get a pair of those tumblin' plush dice for your windshield...

Frozen Bananas

Finland has around 5,2 million inhabitants. That's about the same amount as in a standard size European capital like Madrid, Berlin or Rome. They all have roughly the same populations, but other than Finland, they're all run by a mayor and a city council.

The poor Finns populate an area almost the size of France. A desperately small handful of inhabitants run a territorial and national state with all its accoutrements: a parliament, a government, Armed Forces, a global network of embassies and consulates, an airline, transport logistics, a border with customs etc. And of course Finnish cities have mayors and city councils, too.

Hence the percentage of people spending their lives behind a desk is breathtaking in Finland. Sometimes you wonder where all the buildings and the infrastructure come from… Who on Earth does the real work here? Most people just seem to produce information, services or administration for each other. That, of course, is an expensive luxury, and it's the reason why Finland has the highest taxation and the lowest purchasing power in Europe.

With only the population of a mid-sized southern European city carrying the burden of an entire nation… and furthermore, a nation isolated by a cryptic language, plagued with a topography that would drive any road or railroad planner crazy, a nation blessed with a climate that makes it impossible to even call it a banana republic…

Finland is a typical oligarchy. A look at its history tells us that it must have been difficult enough to enable even five million to survive in this country, but five million is definitely not enough to create bio- and cultural diversity. The price you pay for safety in solitude is monoculture:

One single company (right, the one with rubber boots and mobile phones) accounts for one third of Finland's gross national product. The media mainly

20 MILLION FINNS ?
YOU MEAN MORE
NEIGHBOURS INSTEAD OF
LESS ?!!
AVOID THY NEIGHBOUR
MAARIKA
YOU MUST BE KIDDING...

quote each other and make sure that the entire nation spends their time discussing the same topics for weeks. There are no distinguishable differences between the political parties, in fact they carefully avoid cultivating any discernible profile of their own: In a country with so few people, you simply can't afford to piss off potential voters with real opinions or attitudes.

Five million people are easily fed by just one or two food import companies, numbed by just one alcohol distributor, served by just one or two banks, dressed by just one or two department stores, blinded by just one or two religions and brainwashed by just one or two newspapers…

It's not that the Finns aren't trying. But let's not forget, Finland is a very young state, it has only just embarked on its journey alongside its fellow European countries. This nation is still too small to sustain real competition.

It has been calculated that a population of around 20 million people would be ideal for Finland. With that number of inhabitants, the country could introduce a market economy and become wealthy, the nation would feel safer, stronger and finally a little at ease with itself, and its people would finally be able to chose between a variety of different legitimate lifestyles.

Twenty million… I know that's a tall order, but then again – you know what to do. Enjoy!

Back To The Roots

Before civilisation arrived here, the Finns lived in lonely log cabins spread out over the country. They didn't have running water or electricity and they spent most of their time fishing, picking berries, and looking for edible mushrooms.

It must have been a wonderful time. So wonderful in fact, that every summer most Finns take a trip down memory lane and return to their ancestors' archaic way of life. To a log cabin without running water and electricity, that is. And fishing, picking berries and gathering mushrooms are still the main occupations during summer.

When school ends in late May, everybody packs their things and heads for the splendid solitude of their summer cottage. With the indigenous population retreating to the forests, the few cities in this country are deserted during summer, left entirely to foreign tourists who roam the streets wondering where the aboriginals might be hiding. The only real traffic jams known in Finland occur around midsummer, during the mass exodus when thousands of people leave their homes and disappear to the countryside.

For the Finns summer provides a great opportunity to leave behind the unnatural urban way of life that they never really felt comfortable with anyway: It's back to their roots – meaning back to the state of bliss where you don't have to see anybody for weeks

and thus can afford to walk around in rubber boots and old sweat shirts, your face, hands and legs covered with mosquito bites.

Suomen kesä on lyhyt, mutta vähäluminen – summer in Finland is short, that's true, but at least it doesn't snow all that much during those two months.

The yearly rhythm in Finland works much like the manic-depressive disorder: In winter it's cold and dark all the time, people are suicidal, their backs are bent because they keep their eyes to the ground, trying to use up as little mental and physical energy as possible.

In summer it stays light for weeks on end. During this short, frantic period people desperately try to absorb as much energy as possible to help them make it through the next winter. Summer in Finland is an intense convulsion, like an epileptic fit: Singles do whatever it takes to find a mate, everybody is wildly determined to enjoy themselves no matter what, and every tiny village puts on its own music, dance or theatre festival.

Foreign school kids turn green with envy when they

WE HAVE COME TO PARADISE, MATE...
MAARIKA
HERE EVEN DINNER WILLINGLY ROASTS ITSELF AND WHACKS ITSELF TENDER FOR US TO CONSUME

hear that their Finnish friends have eleven weeks of summer holiday. Unfortunately adults here only have four or five weeks off in summer and don't have the time to be with their offspring. So Finnish kids are enrolled in all sorts of organized activities and summer camps, just like in Israel, the former Soviet Union or the U.S. This system makes sure Finnish kids are forged into independent, self-sufficient and patriotic citizens.

For a foreigner, summer in Finland is quite an experience. I have learned to love it: While my friends cuddle up in their cottages in the cold and drizzling summer rain, I stay in town and enjoy the empty streets. There's only one thing that makes me melancholic once in a while. The price we all pay for the twenty-four hours of daylight is: In summer, you don't see the stars...

May The Force Be With Us

The Baghavad Gita, the Edda, the Nibelungenlied, the Bible… and the Kalevala!

Well, there was this guy call Lönnrot who was a doctor and founded Finland's first violent non-drinking organisation. This guy Lönnrot was crazy about wandering through the endless forests from village to village and collecting toothless old folk tales. He spent years listening to the wrinkled people sitting in front of their log houses in the backwoods of Carelia. The stories he heard on his lonely trips fascinated him so much that he just couldn't help sitting down and turning them into the Kalevala, the official national epic of Finland.

The whole thing starts with the world being created, something that seems to happen quite frequently in national epics. Only this time the main charac-

3
MAARIKA

ter is not a heroic serial killer like in all other epics I know. In the Kalevala, the main character is a performing artist, a singer called Väinämöinen. His is a mighty voice, he has loads of forest credibility, and he sports a beard of truly epic dimensions. Funnily enough though, he is an old fart right from birth.

Then all of a sudden there appears this other dude, young Joukahainen, who thinks he's a better rapper than Väinämöinen. He challenges the old guy to a singing contest and boy does he get it. The old pro sings him literally right into a swamp. Young Joukahainen is on the brink of going under. To save his miserable life he promises Väinämöinen his sweet sister Aino. I can tell you she looks very appetizing, I've seen her in a picture by this other guy called Gallén-Kallela. She's the light, blonde innocent type. Väinämöinen is licking his lips in anticipation already, but pretty little Aino drowns herself rather than doing it with a guy as old as a tree. Maybe it was for the best. I mean, she must have been some drama queen…

Then there's this thing called the Sampo. Apparently it is very heavy, very mythical, and very important, because everybody wants it. It's some sort of a mill which produces grain, salt and gold without anybody having to lift so much as a finger. The Sampo is in the hands of an evil witch called Louhi. The heroes have to steal it, but on their way home they drop it and it sinks in deep water. Deep down there it keeps producing submarine riches: the fish are living proof of that. Even the smallest ones have a silver coat.

On the whole the Kalevala is a lot about singing, repairing boats, getting a woman and what to do with her, and about fishing. The story is not really very logical, It's more like a collection of episodes. You see Lönnrot did not have a tape recorder, because he made his trips in the early eighteen hundreds. So he had to write a lot of his own stuff to make things hang together.

A nice detail: At some point in the story we're instructed how to make ourselves a beer that'll get us plenty drunk. It's clear that the Kalevala is more than just a national epic, it's also a practical guide, and Dr. Lönnrot acted responsibly in not withholding important folkloric information.

In the end a pretty young thing called Marja walks around in the forest on her own. She bends over to pick a cranberry and -pop- she's pregnant. Her baby is crowned king of the forest, old Väinämöinen mumbles into his beard, goes out of fashion and leaves, never to be seen again.

The Kalevala – a tale of mighty voices, the birth of the world, poisonous berries, brave deeds and a machine that does all the work, with heroes that sing instead of fighting! A tale well worthy of the people telling it.

May the force be with us!

Nobody Hates The Finns

A NICE WAY OF LEARNING something about somebody is to find out who they respect. Who are the role models Finnish kids think of when they decide what they are going to be? Who are the people dead or alive providing guidance, values and direction for the Finns? Let's have a quick look at some Finnish national heroes and what they're famous for:

Aalto, Alvar (concert halls, stackable birchwood stools); Häkkinen, Mika (actually having had a chance against Michael Schumacher); Kaurismäki, Aki (making movies about people who drive through Lapland in winter in a white convertible, with the hood down), Kekkonen, Urho (high jumping, dealing with the Sovjet Union); Kuusela, Armi (being very pretty right after the war); Mannerheim, Carl Gustav (relentlessly defending his horse and his country in times of war); Mononen, Unto (tango); Nykänen, Matti (ski-jumping, light entertainment); Ollila, Jorma (Finnish adaptation of Bill Gates); Selänne, Teemu (playing Icehockey and getting paid for it); Sibelius, Jean (classical music, cigars)…

Of course there are many more Finnish heroes that deserve to be mentioned, but I hope this list somehow illustrates the kind of hero that grows up in Finland.

Now one thing that has always intrigued me about Finland is that they have never had a real bad guy. I mean, almost everybody carries their burden: Germany has its Hitler, Russia its Stalin, the Chinese have Mao, the Americans have Bin Laden, then there's Ceaucescu, Hussein, Bokassa, Pinochet, Dracula and Godzilla…

The Finns have apparently never produced a Ghengis Khan, a Pol Pot or an Idi Amin. Either they really don't have any bad guys or they have managed to conceal them perfectly, even from themselves.

The Finns do not have any natural enemies. Their neighbours Russia and Sweden, who frequently fought over, in and against Finland, never meant anything personal. Finland just happens to be unluckily situated between the two countries.

There's something eerily good about Finland. There is not one single genocidal maniac in their entire known history. All they've got are the Moomins, peace-keeping UN troops in foreign countries, Christ, they've even tethered Father Christmas in front of their sleigh!

They have somehow managed to make the whole world believe that they're actually good guys. You never get in real trouble with a Finnish passport. Nobody knows anything bad about Finland. Nobody knows anything about Finland, because they have also managed to stay out of the consciousness of the entire planet. The Finns regularly conduct interviews in other countries, asking people "What do you know about Finland?" And so far, this almost universal ignorance has worked perfectly. People know absolutely nothing about Finland, only in some rare cases someone remembers the Finnish sauna. The Finns gave the Molotov cocktail its name – and "forgot" to take

FINNS?
WHO ARE THEY?
MAARIKA

credit for it. They made sure no-one remembers that it was a Finnish invention.

Nobody hates the Finns. It's spooky really, they are so thoroughly innocent. A milk-drinking, law-abiding, peace-loving people.

Thank God they at least still use landmines.

Maanne / Ert Land

May 5, 1848
A bunch of nationalist students visit a Finnish composer in his shabby apartment in Helsinki. They want him to compose a hymn for the upcoming Flora Day, which they wish to celebrate in a meadow near the town. The composer is delighted to oblige, but he needs a little down payment in order to be able to start working on the hymn right away.

May 12, 1848
The student delegation returns to the composer's apartment. Unfortunately the maestro is drunk beyond recognition and hasn't composed a single note. Fortunately some of the better informed students remember that Fredrik Pacius is in town, a German composer who had been called to Finland to write

I DON'T KNOW WHY, BUT THIS NATIONAL ANTHEM ALWAYS MAKES MY THROAT FEEL DRY...

JOIN ME FOR A BEER AFTER?

the first Finnish opera. The delegation goes off to see Pacius. He promises to help out and come up with a little anthem for them.

May 13, 1848
Flora Day. The students' nationalist party in the meadow is a thorough success. The young patriots get carried away, and they invent the Finnish flag and hundreds of eager voices turn the modest air into a jubilant celebration of their country.

Later 19th century
The song becomes the official national anthem of Finland, Pacius writes the first Finnish opera and becomes the "father of Finnish music".

1891
Before he dies, Fredrik Pacius writes in his diary:

"I have had a long and rich life. But before I step in front of my creator, I need to confess a dark secret. This country has been very good to me, yet I have betrayed their trust so terribly: Many years ago, when those nationalist students asked me to write a hymn for them in just one day… to be honest, I didn't really compose it myself. I stole it. It's an old German drinking song which I thought they wouldn't recognize up here…"

1918-1940
The song also becomes the official national anthem of Estonia.

1990
The song becomes the official national anthem of Estonia – again.

1995
The Finnish national Icehockey team, the Suomen leijonat, stand on the ice in Stockholm after having won the World Championship finals against their worst enemy Sweden, proudly singing an old German drinking song with tears in their eyes…

2008
?

Tribal Rites

I know they say you never get a second chance to get a first impression. After your first year in Finland things start feeling normal and you think you have a fair idea of who the Finns are.

But in the long run you'll find out that even though they might look the same, they are anything but a homogenous people. Most of them have been displaced at some point in their personal or collective history. Everybody is from somewhere else. Everybody lost their parents' place in the war or tries to evade the boredom of the countryside, migrating to one of only a handful of cities. Everybody has their roots somewhere in the hinterland, at least if you go back to a second or third generation. The few genuine city-dwellers are extremely proud of their urbanity. The others are proud of the little villages they've come from.

Finland is a nation of tribes. Even though there aren't all that many Finns they take the liberties of speaking various different dialects and cultivating regional resentments:

The people from Häme are serious by nature. At work they are very robust and practical. They represent the true essence of Finnishness, which can be clearly seen by the fact that they like farming. They are also considered… well, a bit slow…

The Carelian is agile, talkative and active, but he doesn't have much stamina when it comes to work. This is proven by the observation that Carelians don't like farming all that much. They prefer to trade, and they like singing and playing music.

The people from Ostrobotnia (Pohjanmaalaiset) are considered a special breed. They are tough, brave, they have a vivid temperament and they like to show off. They are good field workers and good craftsmen. Their celebrations are famous, participants have been known to die of overindulgence in sausages and home-made beer.

The people from Savolax are playful and they enjoy

made in Savolax
MAARIKA

communicating. In fact, they're so good at it that they can easily sell anything to anybody. Thus, the other Finns consider the Savo-tribe completely untrustworthy.

The Swedish-speaking Finns are of a happy disposition by nature and are committed to purity. They preserve valuable old traditions like singing a little song with every draught of hard liquor.

(I wish to thank Kaarlo Hänninen for parts of the tribal definitions above: Hänninen, Kaarlo, "Geography and regional education for elementary schools with only one teacher", "Kansakoulun maantieto ja kotiseutuoppi yksiopettajaisia kouluja varten", Osakeyhtiö Valistus, Raittiuskansan Kirjapaino Oy, Helsinki 1929, 4. edition)

Where you're from is of absolutely crucial importance in Finland. Try Finnish names for starters. Have you noticed that most of them contain some formation found in nature? Laaksonen, Lahtinen, Nurminen, Virtanen, Järvinen, Aho, Ojanen, Vainio, Niitty, Vuori, Saari, Rinne, Salmi... the list is long. See for yourself: When Finns meet and indulge in their very own, minimalistic small talk, they inevitably ask each other: ”Where are you from?”

In many other languages the most popular names are professions: Weaver, Baker, Smith, Butcher, Miller, Brewer, Carpenter, Hunter, Fisher, Tailor. Nobody gives a monkey's where you're from. People want to know ”What do you do for a living?”

In Finland, this question can be offensive, because it's far beyond small talk. The Finnish identity is based on places and ancestors rather than on work and career.

So you better have a nice little story ready about your tribe and the place you're from. The Finns have a nasty expression for something that doesn't have any value: ”Tämä ei ole mistään kotoisin.” ”This isn't from anywhere.”

Don't Lick Before It Drops

Hämäläinen poured himself and his friend another Koskenkorva and gazed at the perfectly silent lake. If was one of those timeless white nights.

Ylä-Anttila took a deep breath and emptied his glass: "Tears from long joy, a fart from long laughter."

Hämäläinen nodded:"Age does not give you sense, it just makes you go slowly." "No use crying at the market, just sell your fur coat and drink the money." Ylä-Anttila added.

The profound silence was only interrupted by the sound of the two men slapping themselves and each other. They were sitting in a cloud of mosquitoes.

"Poverty is no joy, although it sometimes makes you laugh." Hämäläinen said after a long while.

"Don't lick before it drops – remember what the fleas in the sauna say: you're just a man like any other." Ylä-Anttila replied sombrely.

Hämäläinen wanted to say something, but he couldn't. He had inhaled an insect, couldn't cough it up and finally had to wash it down with Koskenkorva. "You know even horses kick you when they love you! Love makes you blind, marriage opens your eyes wide!"

"But rather a man without a cow for the summer than without a wife for Christmas night."

"Right." Hämäläinen agreed. They had another drink. "No need to plough and sow madmen, they grow by themselves. And the frost drives the pig home."

"True." Ylä-Anttila said. "A fool boasts of his horse, a madman of his wife, the unable of his children."

"Closeness without conflict only exists in the cemetery!"

They filled their glasses, emptied them and refilled them. "Swamp there, water here, not dry anywhere. Bottomless as a priest's sack."

Ylä-Anttila laughed, a bitter laugh. "At first you think: a load of hay won't crush a mouse. Then you learn that a cat lives on praise, a dog on pats on the head."

TRICKS ARE MANY,
MAARIKA
GRANDMA SAID AS SHE WIPED THE TABLE WITH A CAT.

Hämäläinen stared at the lake. On the other side an elk majestically left the water and disappeared in the forest.

"Whose cow is in the swamp has his hand in the deepest." Hämäläinen said thoughtfully. "The brave eat the soup, the timid die of hunger."

Ylä-Anttila got up, stretched his legs and took a big gulp from the Koskenkorva bottle: "Take a man by his word, take a bull by its horn!"

Hämäläinen had some trouble getting up, too. When he was standing, he took the bottle, emptied it and smiled: "A man comes back from beyond the seas, but not from under the sod..."

The two men looked at each other for a while. Then they looked at the lake for a while. Then they looked at each other again. They grabbed each others hands – and jumped.

The police suspended the search after a week. Hämäläinen and Ylä-Anttila were never found. Rumour has it they're running a cosy little leather bar somewhere in southern Sweden.

It's Never Too Late...

Isn't it funny? If you want do drive a car, you need a driver's licence. If you want to fly a plane, you need an education. If you want to open a flower shop, you need a permit. But each and every amateur can have children, without a permit, training or qualifications.

Finland is no exception, here too everybody can procreate without control. But here the state looks over mum and dad's shoulders to make sure that the children aren't brought up by completely incompetent parents. When a baby is born, it is not only shaped by its mother's love and care, but also by the climate and the society.

When mum comes home with the baby from the maternity ward, she is given a so-called maternity pack, a cardboard box containing everything needed to perform basic maintenance on the baby, including the instructions. The state releases a newly designed maternity pack every year. And the best thing is: The cardboard box itself serves as a cot for the first few weeks.

Finnish children are trained from a very early age to withstand the prevailing tough conditions: They're put to sleep in minus 15 degrees Celsius on the balcony or in the yard. When mum goes back to work they have to go to full-time day care – usually at the age of one, before they can even speak or walk properly. Throughout their childhood they have to play outside no matter what the weather is like. They all have to wear the same blue Reima – snow suit and they all look the same. In winter, when you pick up your kid from day care, you have to be careful not to accidentally abduct somebody else's offspring. They're all vaccinated against everything and they're all allergic to something: they can't drink milk, they have hay fever, they can't eat strawberries, they can't sun-

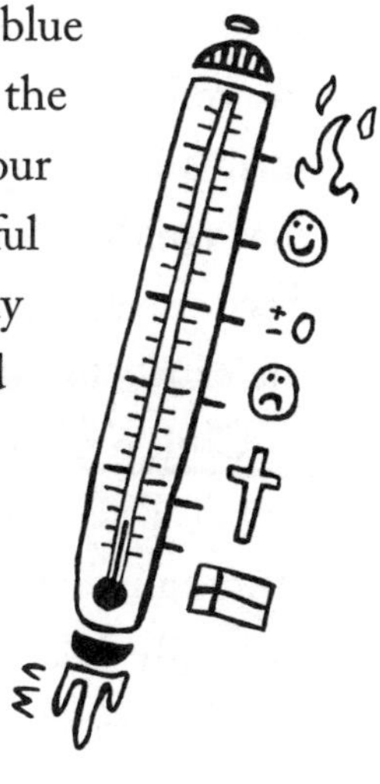

bathe or they have some other fashionable little condition.

Finnish childcare makes sure that the next generation is independent and fit for survival. Finnish kids walk around with the keys to their home around their necks, right from first grade. They are fed at school or feed themselves from the microwave. The surveillance technology used is cutting edge: Finnish parents can locate, educate and remote control their children by mobile phone for only 0,05 €/message.

Even though Finnish children have to put up with a paramilitary educational system, they can still consider themselves lucky. Kids and childhood are considered something holy in Finland. People idealize this careless, joyful period of play, they really believe that children are in a blissful state of innocence and freedom, and try to make it last as long as possible for their little loved ones.

Children are treated as the future owners of this planet. Everything revolves around them. The media criminalize anybody who's not willing to subscribe to family values, there's a sodding baby chair in eve-

MMMOoomm!!!
MAARIKA

ry restaurant, each summer when the kids start their eleven-week-holiday the working parents go crazy trying to come up with things to do with their bored kids…

A Finnish shrink once wrote a book called ”It's never too late to begin a happy childhood” He most probably nicked this line from somewhere else, but still I think it shows how adult Finns relate to children:

They envy the little bastards…

Invading Paradise

Let's be brutally honest, fellow immigrants: Why did we really come to Finland? And what is it we really like here? What keeps us here? The weather? The cost of living? ... I don't think so either.

Let's be very brutally honest, shall we? One reason why we like it so much here is because it boosts our little egos, doesn't it?

We all know that for reasons unbeknownst to anybody the Finns have a collective inferiority complex and enjoy feeling inadequate. We did not invent this weakness. We found it when we arrived here, we didn't even know of it before we came to Finland. But we'd be very stupid not to exploit it...

Foreigners like it here because... how should I put it ... because many Finns are still a little naïve:

Finland had been isolated from the rest of the

MAARIKA

world for a very long time, by its climate, its language and the Soviet Union. It has only quite recently opened its borders. When I arrived here in 1986, there was a total of around 17 000 foreigners living in Finland. Today this number is well over a hundred thousand.

It's good to be a foreigner in Finland. In the land of the blind the one-eyed man is crowned king… Honestly, I'm sure if I were a Finn I would emigrate as quickly as possible. But because I'm a foreigner, I can enjoy Finland; have all the fun without the obligations. I don't have to understand how things work here, nobody expects me to behave like all the others.

I can be different whenever I feel like it, whereas the Finns don't have that luxury. And if anything goes wrong, I blame it on Finland. That's the true beauty of living abroad. It's never your own fault: Either It's the climate or the Finnish temperament or their police state or their uptight attitude…

It appears that even though most Finns are very well informed about the outside world, they have difficulties believing that this outside world could really be such a bad place. They are relatively easy prey for a foreigner with some social skills.

Most of you know how easy it is to get laid here. All you have to do is go to a bar, club or discotheque and wait until you get comfortably victimized by a resolute drunk blonde. It seems that they like to go home with foreigners, because they're so thoroughly bored with each other.

And you could be from the slums of Naples or Rio, living in your grandma's kitchen with seventeen brothers and the cat – in Finland nobody cares: you're simply wonderful, because you have hair on your chest, because you can sing a little and because you're really from where the sun shines. Here the magic still works. Young Ricardo there, wipe that grin off your face, will you?

Last but not least: what's extremely nice in Finland is the fact that the Finns are used to a lot of space around them. That's why they also willingly leave other people a lot of elbow room. They leave you in peace and they let you do your thing without interfering.

I wouldn't go so far as to call Finland a paradise. It's too damned expensive and too damned cold. But to be brutally honest again: As much as I love to complain – I have never really regretted coming here.

This Is A Bit Embarrassing

Friday evening, downtown Helsinki: I'm walking with my seven year old godson. We see a man puking all over his own shoes.

"Do you know what you have to do when that happens to you, Uncle Roman?" my godson asks. I shake my head, hoping the kid isn't too traumatized.

"Just piss it away!" he says with a broad grin on his little face.

Even the kids have interiorized the fact that alcohol is an existential part of this culture, like the aurora borealis, the sauna, and icehockey. Getting drunk is the national way of relaxing, every Finn's God given right and duty, every man's and every woman's. Raskas elämä, raskaat huvit – heavy lifestyle, heavy fun.

Drinking with Finns is always an experience. While you just get drunk – first a little tipsy, then

MAARIKA
ABOUT HALF WAY THROUGH THE SECOND BOTTLE LIFE SUDDENLY EXPANDS INTO AMAZING DIMENSIONS...

blurred, then tired – your Finnish friends' personalities change completely. It's Dr. Jekyll and Mr. Hyde after just half a bottle of luke-warm Koskenkorva, Finland's most popular vodka brand.

The shy engineer turns aggressive asshole, the uptight school nurse naughty nymphomaniac, the macho bodybuilder sentimental sob, staining your shirt with his tears…

Don't you just love the effect alcohol has on them? They really know how to have a good time. And the next morning they will all infallibly tell you that they don't remember a thing. That's part of the game. Like Catholics confess their sins and are cleansed, the Finns pay for their sins with a horrible day after, and thus regain a sublime state of original innocence. Or as Simo Frangén, a famous TV-comedian puts it: "We Finns don't drink because we want to get drunk, we drink because we enjoy a good hangover."

Steal a hundred Euros from the local kioski and they'll give you a year without probation. Stab your best friend with a bread knife after nine beers and all you'll have to do is see a shrink for a while. After all,

WHAT DO YOU THINK:
SHOULD WE SELL DADDY
AND BUY YOU A HAMSTER?
YEEE!!
HAMSTER!!!
MAARIKA

you were totally pissed, weren't you?

Losing control under the influence of alcohol is perfectly acceptable in this country. So if you carry a grudge against someone make sure to have a real party before you go and smash their faces in. But – do call a cab, don't drive there drunk. The road is where even Finnish tolerance ends.

National celebration days go hand in hand with heavy drinking. Personally I love Vappu, the First of May. I think it's much nicer to see students getting shitfaced on champagne (and usually in the rain) than to watch boring parades and listen to the speeches of old farts from the trade unions.

Pikkujoulut, Christmas Parties, are an important annual ritual: Once a year you can tell your boss what you really think about him or her, you can sexually harass your co-workers, you can pick a fight, keel over and make a complete idiot of yourself – the next morning all will be forgiven.

Alcohol also helps regulate the population and create fluctuation. Midsummer is a good example: Hundreds of men fall into a lake or the sea while pissing and drown with open zippers. This loss is compensated for by the fact that on the very same night hundreds of Finnish women get pregnant without ever really recalling the event…

For a foreigner it's difficult to share the Finnish enthusiasm for that one more drink at six o'clock in the morning. It took me almost twenty years of desperate boozing to finally get there:

I woke up because my phone rang. A nice voice on the other end said: "Sorry to disturb you. This is a bit embarrassing, but I have to ask you: Did we do anything last night?"

That's when I knew I had turned into a Finn: I had no idea who was talking to me…

Kippis!

See Where It Gets You

I guess after almost twenty years in Finland I qualify as a veteran. People have started asking me for advice about how to survive their stay here. What have I learned in my many years of exile? What advice could I possibly give? How can we minimize the friction between our beloved host country and our own cultures? How can we bridge the gap, smooth the interaction between the indigenous population and ourselves? For all of you who like numbers: Here is a list with ten things to keep in mind:

1.

Learn to eat ice-cream in winter. Learn to speak while breathing in. When counting with your fingers, start with the little one.

MAARIKA

2.
Use your self-confidence, but never show it off. We all know how much Finns like it when somebody isn't afraid of people, but don't forget that they are a very distrustful lot. Being too much at ease with yourself will make them hate your guts.

3.
Fake a general interest in sports. Remembering some names (mostly track-and-field athletes, icehockey players, motor sports celebrities) will make it possible for you to bond with Finnish men.

4.
Never be overtly proud of anything. Understate as much as possible. Hide valuable possessions and belittle your achievements. Make sure your friends don't have any reason to envy you. If you're doing too well, fake a lethal illness, bankruptcy or a serious relationship.

5.
Try to develop at least a basic affection for nature and the countryside. You will have to spend a lot of time there anyway, you might as well like it.

6.
Never say anything truly negative about their country. Don't forget that notwithstanding gender, age, education, political, religious or other conviction – deep down in his or her heart every Finn is a staunch nationalist.

7.
Don't talk about money. Try not to think about it either.

8.
Don't be too cynical: Don't start laughing when somebody tells you he actually believes that Finnish tomatoes are the purest in the world, that the government in Helsinki is not corrupt and that his wife is faithful to him.

MAARIKA

9.
Never underestimate the Finns. They might look deceivingly shy, numb or absent, but in reality they are shrewd, ruthless, and ready to do absolutely anything it takes to survive.

10.
Give them everything you've got. Get drunk with them, go to their saunas, jump in their lakes, eat their food, learn their language, sleep with them. See where it gets you.